高职教育教学改革研究

张 娜 ◎ 著

中国书籍出版社
China Book Press

图书在版编目（CIP）数据

高职教育教学改革研究/张娜著.-- 北京：中国书籍出版社，2023.12

ISBN 978-7-5068-9668-9

Ⅰ.①高… Ⅱ.①张… Ⅲ.①高等职业教育—教学改革—研究 Ⅳ.① G718.5

中国国家版本馆 CIP 数据核字 (2023) 第 229108 号

高职教育教学改革研究
张　娜　著

图书策划	成晓春
责任编辑	毕　磊
封面设计	博健文化
责任印制	孙马飞　马　芝
出版发行	中国书籍出版社
地　　址	北京市丰台区三路居路 97 号（邮编：100073）
电　　话	（010）52257143（总编室）（010）52257140（发行部）
电子邮箱	eo@chinabp.com.cn
经　　销	全国新华书店
印　　刷	天津和萱印刷有限公司
开　　本	710 毫米 ×1000 毫米　1/16
字　　数	188 千字
印　　张	11.5
版　　次	2024 年 5 月第 1 版
印　　次	2024 年 5 月第 1 次印刷
书　　号	ISBN 978-7-5068-9668-9
定　　价	72.00 元

版权所有　翻印必究

前 言

高职教育在经历了几年的快速发展后,其规模迅速扩大,并取得了历史性的飞跃,成为世界教育发展史上的一个奇迹。高职教育是我国高等教育的一个重要内容,培养了成千上万的专门技术人才。高职毕业生日益为各行业所青睐,高职教育也日益受到社会的认可,初步形成了一种与社会主义现代化基本相适应的充满生机与活力的新型高职教育体系。在高职教育教学改革与发展的背景下,为适应新形势,提出了新的发展方向。高职教育和普通高等教育都属于高等教育,但高职教育的性质和教学方式有别于普通高等教育。高等职业教育的目标是将科技成果直接转化为实际的生产力,将理论知识转变成可直接使用的工艺或技能,培养具有实践能力、长于操作和熟于应用的"专门"的专业技术人才。只有通过实训、实习和实践以及"实地演习",才能把所学到的东西做到"实在""实用""有用"。因此,探究高职教育教学改革具有非常重要的现实意义。

全书共分为五章。第一章是高职教育教学概述,主要介绍了高职教育教学方法的理论基础、高职教育教学方法的内涵与特点、高职教育教学文化的特征与结构、高职教育教学文化的价值取向。第二章概述高职院校教育教学管理体系,主要是对高职院校教育教学管理内容、高职院校的管理组织机构与管理体系、高职院校的教学管理三个方面进行了阐述。第三章探讨高职院校多样化教学方式的建设,从高职院校分层次教学的必要性、高职院校混合式教学改革建设、高职院校移动学习教学建设、高职院校数字校园化建设四个方面进行了论述。第四章探讨高职院校师资队伍建设的改革,主要对"双师型"教师的内涵、高职院校"双师型"师资队伍建设现状、"双师型"师资队伍培养途径和模式三个方面作了一定的阐释。第五章探讨高职院校创客教育体系管理建设改革,包括创客与创客教育的概述、职业院校创客教育的机遇与挑战、职业院校创客教育的改革路径分析等内容。

在撰写本书的过程中，作者参考了大量的学术文献，得到了许多专家学者的帮助，在此表示真诚感谢。本书写作力争内容系统全面，论述条理清晰、深入浅出，但由于作者水平有限，书中难免有疏漏之处，希望广大同行及时指正。

张娜

2023 年 8 月

目录

第一章 高职教育教学概述 ... 1
第一节 高职教育教学方法的理论基础 ... 1
第二节 高职教育教学方法的内涵与特点 ... 11
第三节 高职教育教学文化的特征与结构 ... 20
第四节 高职教育教学文化的价值取向 ... 33

第二章 高职院校教育教学管理体系 ... 40
第一节 高职院校教育教学管理内容概述 ... 40
第二节 高职院校的管理组织机构与管理体制 ... 55
第三节 高职院校的教学管理 ... 62

第三章 高职院校多样化教学方式的建设 ... 82
第一节 高职院校分层次教学的必要性 ... 82
第二节 高职院校混合式教学改革建设 ... 85
第三节 高职院校移动学习教学建设 ... 93
第四节 高职院校数字校园化建设 ... 103

第四章 高职院校师资队伍建设的改革 ... 126
第一节 "双师型"教师的内涵 ... 126
第二节 高职院校"双师型"师资队伍建设现状 ... 134
第三节 "双师型"师资队伍培养途径和模式 ... 143

第五章　高职院校创客教育体系管理建设改革 ················· 153
　　第一节　创客与创客教育的概述 ························· 153
　　第二节　职业院校创客教育的机遇与挑战 ················· 162
　　第三节　职业院校创客教育的改革路径分析 ··············· 166

参考文献 ··· 176

第一章 高职教育教学概述

近几年，我国开始推行高职教育改革，在此背景下，各个高职院校也积极响应国家号召进行教学方法改革。高职教育教学改革是我国社会发展的趋势，对于确保我国社会经济的健康发展至关重要。本章主要概述高职教育教学的几个基本问题，详细研究高职教育教学方法的理论基础、内涵与特点、特征与结构、价值取向四个方面的内容。

第一节 高职教育教学方法的理论基础

一、高职教育教学方法的基本理念

（一）以学生为中心

高职教育的人才培养目标及高职教育的课程特性内在地设定了高职教育是一种以学生能力发展和技能获取为本位的教育。因此，高职教学方法必然遵循"以学生为中心"的基本理念。这可以从以下三个层面来解析。

1. 哲学层面

"以学生为中心"的高职教育教学方法基本理念是建立在"以人为本"的哲学理念基础之上的。"以人为本"是人本主义哲学的核心思想。

按照人本主义哲学"以人为本"的理念，在高职教育教学层面具体化为"以学生为本"，即教学方法必须体现"以学生为中心"的思想。在人本主义哲学的视角下，教学以"自我实现"为目标，倡导情知教学，并把对学生的自我评估放在第一位；在教学内容上，把学生的直观体验放在第一位；把外部科学知识和内在经验、感情相结合起来；在教学方式上，提倡以学生为主体，让学生自主选择、自主探索，把课堂教学和现实生活相结合。教师在教学过程中的重要作用就是指导和推动学生自主学习，使他们学会去思考、去感受、去体验，从而找到生命的真谛和价值。在高职教育教学中，学生的学习体现出更多的主动性、实践性，学生职业能力、岗位技能以及综合素质的发展成为高职教学方法的依据。因此，没有遵循"以学生为中心"理念的教学方法无法实现培养高素质技能型人才的培养目标。

2. 心理学层面

在心理学层面，人本主义学习理论为高职教育教学方法"以学生为中心"的理念提供了心理学依据。

人本主义学习论把学习看作是丰满人性的建构，以"自我实现"为基本目标，学习者是学习的主体，应当得到应有的重视；良好的学习环境需要良好的人际关系。人本主义学习观具有如下特征：第一，自主性，学习是每个人主动发起的，而不是被动地等待刺激。学生内心的思想、情绪活动是非常重要的。二是全面性，也就是说，一个人在学习过程中所付出的全部努力，并不仅仅局限于认知层面，还包括情感层面、行为层面和人格层面。三是渗透性，也就是学习不仅在认识的范围内起着作用，而且在行为、态度和情绪上也起着重要的作用。

可见，在人本主义学习理论框架下，高职教育的培养目标只有通过"以学生为中心"的教学方法才能实现。因此，有学者认为，"以学生为中心"教学方法的有效实施是贯彻以能力为本位培训的必要保证，此外，需要遵循平等参与的原则，让学生平等参与能力培养和鉴定评价过程，从而增强公平、公正、公开的平等参与意识。另外，要考虑职场健康与安全的要素，充分体现对生命的珍视。通过"以学生为中心"教学方法的运用，培养教师和学生"以人为本"的思维方式和行为模式，让一切教学活动的组织安排围绕学习者需求及其能力塑造去开展。[①]

3. 教学论层面

"以学生为中心"的教学观是人本主义哲学理论在教学论领域的具体化。"以

---

① 张科. 澳大利亚职业教育教学方法和教材开发 [J]. 职业技术教育，2006，27（13）：80-83.

学生为中心"的教学观主要体现在：[①]

第一，从教学过程来看，我们把教学分为"教"和"学"两个阶段，把重点放在学习过程和学习成果两个方面。

第二，从师生关系的角度来看，以学生为中心的教学模式，在学习的过程中，学生要积极参与，并为自己的学习承担责任。老师是学生学习的引路人。

第三，就学习内容而言，以学生为中心的教学强调了学习要和未来的工作联系起来，也就是要以应用为导向，培养学生能够胜任工作的能力。在教学过程中，既要掌握知识（理论），又要掌握动手操作技巧，培养综合能力。

第四，在教学方式方面，摒弃了机械记忆式的教学方式，倡导老师们进行丰富多样的教学活动，让学生能更好地参与其中，充分体现出学生是教学的主体地位。学习的地方不能只局限于学校，要有系统地组织同学到工作岗位去学习，去实践，去社会调研。

第五，在对学习成果的考评评价方面，以学生为中心的教学评价旨在考察学生在学习过程中的实际应用能力，主要采用"任务法"，通过具体的实践任务对学生所掌握的职业技能进行综合评价，并对其一般能力的开发程度进行评价。[②]

可以看出，在教学论层面，"以学生为中心"的理念体现在教学过程、教学内容、教学方法以及教学评价的各个方面，特别是在教学方法的设计和选择上，是否坚持"以学生为中心"直接反映高职教育教学的理念是否体现了"以人为本"的哲学思想，直接关系到高职教育是否可以真正实现人才培养目标。

（二）以能力为本位

在传统教育中，教育是以学生储存知识的多少为目标。由于这种知识是人类对历史经验的积累和总结，所以在教学中往往片面地重视现代化的、抽象的概念和推理，因而传统教育培养的是知识型人才。高职教育培养的是高素质技能型人才，知识本位的教学理念显然不符合高职教育的教学，无法实现高职教育的人才培养目标。由此，根据高职教育兼具高等性、教育性、职业性"三重"特性的特点，结合高职教育的人才培养目标，我们力图突破传统知识本位教育对高职教育的影

---

① 段为群．职业教育新理念下的《养蚕技术》教学模式研究 [D]．昆明：云南师范大学，2006．
② 张科．澳大利亚职业教育教学方法和教材开发 [J]．职业技术教育，2006，27（13）：80-83．

响，提出"以能力为本位"的高职教育基本理念。而高职教育教学方法也正是以这一具有高职特性的理念为依据的。在此，我们具体分析高职教育中，"以能力为本位"的基本内涵。

1. 能力

能力是指一个人在实际行动中所体现的整体素质，对某些行动进行适当控制的实际技能、精力和熟练程度，它是一种能够有效发挥人的价值的途径，它是影响社会发展和人类命运的一种能动的动力，它包含了体力、智力、道德能力、审美能力、实践操作能力等一般能力，它在某些特定的职业活动中具有特定的专长。在高等职业教育中，"能力"是一种以"职业能力"为核心的职业技能。从广义上讲，职业能力包括专业能力、方法能力和社会能力。专业能力是职业生涯中必须具备的技能和知识，是学生在毕业后能够胜任本专业工作，走向社会所必须具备的一项核心技能。方法能力是指在具有在工作中所要求的工作方式和学习方式，其中有制订工作方案，协调计划，评价工作结果，在工作中勤奋学习，新知识对企业的技术革新有促进作用。社会能力主要体现在工作中的主动性、独立性和人际沟通的能力，以及自己的组织表达能力和社交能力。

2. 能力本位

能力本位的基本理念是针对传统教育过分强调知识本位而产生的诸多问题而提出的。高职教育经历了曲折的发展过程，它作为一种独立存在的教育类型是近年来才得到较为广泛认可的。因此，在高职教育的发展历程中，长期以来仅仅被作为一种教育层次而非作为一种教育类型来发展，导致高职教育的发展沿袭、模仿甚至照搬普通高等教育的发展模式。在专业设置、课程建设、师资队伍建设以及教育管理等各个方面都打上了普通高校的烙印，"知识本位"的教育理念在高职教育的发展中占据着主导地位。然而，随着高等职业教育的不断发展，高职教育作为教育体系类型的层次定位，使高职教育逐渐认识了自身的发展方向和定位，知识本位的教育理念显然不符合高职教育培养高素质技能型人才的需求，因此，与高职教育培养学生职业能力密切相关的能力本位教育理念逐渐显现出其优越性，并发展为高职教育的主导教育理念。

以能力为中心的教学意味着，学生的学习过程旨在培养他们的能力，为此所有学习活动都与能力提升紧密相关。学生应该先提高自己的学习能力，通过脑力、心理、手脚的协同作用，将所学知识自然而然地转化为能力和才干，以轻松愉悦的方式不断发展和提高。能力本位要求充分地、正确地发挥人的能力，这里的"正确发挥"是指能力发挥的性质、方向、方式和目标。这自然要求以道德为前提，否则，能力越大越坏事。因此我们强调能力本位，也强调人的努力、道德品质和绩效。

有什么样的理念，就有什么样的教学方法。在知识本位教育理念下，教学方法强调知识的传递和知识的论证；在能力本位教育理念下，教学方法则强调能力的获取和能力的发展。因此，教师所追求的教学目标不仅仅是简单地传授学生已有的知识和技能，更在于引导学生去探索获得这些知识和技能的途径，从而激发他们的自主学习能力，同时也培养其多元化的能力。这里所提到的能力已经超越了仅限于知识或专业技能的狭义定义。除了获取新知识的技能，还包括有协作能力、沟通表达能力、发现职业机遇和规划个人生涯等社交技能。完整的行动能力是由三个方面的能力相互关联和协同作用所组成的。[1]

（三）以发展为目标

以发展为目标是指学生在原有基础上可持续地终生发展，而不是只局限于在学校的当前发展。这是"以学生发展为本"的内涵。结合古今中外教育家的相关理论，在高职教育教学中，坚持"以发展为目标"主要包含以下内容。

1.教学以学生发展为目的

第斯多惠在教育史上首次明确提出"发展性的教学"这一概念，所谓"发展"，就是在教学中让学生的自然本性得以符合自然规律的发展，即注重在教学过程中发展学生的心智。他把心智理解为思维、意志与性格的全面心理发展的内容，他提出发展性的教学不仅要发展学生的能力，同时也要培养他们具有坚定的信念、崇高的道德情感、坚强的性格，形成他们的整个个性。"任何真正的教学不仅是提供知识，而且是予学生以教育。"[2] "如果学生的头脑充满了或多或少的知识而没

---

[1] 史平，秦旭芳，张研.高等职业教育的有效模式：行动导向教学法[J].辽宁教育研究，2008（05）：57-59.

[2] 毛英.思想政治教育环境学[M].成都：西南交通大学出版社，2010.

有学会去运用，那是可悲的现象。"① 他强调指出："一切学校教学的发展性的（锻炼性的）目的永远也不应忽视。"②

2. 教学应走在发展的前面

维果茨基是一位非常知名的苏联心理学家，他在研究教学与发展问题时，提出了一个概念，称之为"最近发展区"。这个概念将发展分为两个层次，第一个层次是现有的发展水平，它是通过已经完成的发展过程所得到的。第二层次是学生可能的发展水平，也就是通过教学所获得的潜力。最近发展区表示还处在发展初期，正在逐步成熟和发展壮大。教学并不完全依赖已经完全形成的机制，更需要依赖那些不断成熟的机制，以促进进步和发展。教学需要不断创新，引领最新的发展趋势，并将这些新的发展趋势引入教学中，形成新的教学领域。因此，教育学生的目标应该以促进学生未来的发展为导向，而不仅仅只是关注学生已经有过的经历。

3. 任务是促进学生的发展

苏联著名的教学论专家赞科夫在长达二十多年实验研究的基础上，创建了"发展性教学理论体系"。"全面发展"是素质教育和其他教育形式的重要目标和要求之一，这个理论体系具有深厚的教育管理特征，它通过制定教育行政标准，确定了一个教育目标，并采用一定的发展模式，以体现对学习者未来的期望。全面发展教育的目的是让个人在身体和心理方面得到全面的提升和发展。全面发展人的理论是马克思主义教育思想的重要组成部分，它倡导以人为本、注重整体、平衡发展的教育理念。这一理论为我们在教育领域中指明了方向，是教育改革和社会主义教育目标制定的基石。教育与人的发展问题，是教育的永恒主题。为学生的发展而教育是我们必须确定的核心理念。

爱因斯坦早在《论教育》中就指出："一个由没有个人独创性和个人志愿的规格统一的个人所组成的社会，将是一个没有发展可能的不幸的社会。"只有每位社会成员的个性得到充分发展，其创造才能有效开发，才能促进社会的全面进步。

---

① 李明德."教育心理学化"的诉求与探索 西方教育史的视角 [M]. 福州：福建教育出版社，2020.

② 李明德，金锵. 教育名著评介 外国卷 [M]. 福州：福建教育出版社，2008.

高职教育教学同样如此。高职教育教学的着眼点不仅在于学生当前的发展,而应着眼于学生的可持续发展。

二、高职教育教学方法的教育学理论基础

就高职教育而言,与其教学方法构建直接相关的教育学理论基础主要包括建构主义教学观、主体性教育理论。

(一)建构主义教学观

建构主义认为,世界确实存在客观事实,但是每个人对于这个世界的理解和构建都是根据个人的独特体验。换句话说,每个人对于世界的解释都是基于个人构建的。学习并不仅限于将外部知识转移到脑海中,而是通过已经具备的认知结构(包括经验和策略等)主动探索和加工新的信息,进行知识的建构。由于学习者拥有不同的经验和信念,因此他们对外部世界的理解也会有所差异。所以,这类学习应更加注重学生的自我主动、社会互动、情境融合和协作合作。因此,建构主义的关注点在于创造一个学习环境,该环境应该以学习者已有的经验、心理结构和信念为基础,来建立新的知识体系。

因此,建构主义的教学模式通常包括两个方面的设计:一个是针对学习环境的设计,另一个则是自主学习策略的设计。环境设计的目的在于创造一个优良的学习环境,有助于学生自主学习和积极探索知识。这包括但不限于创建与学习主题相关的氛围、提供必要的信息资源、促进合作学习等。另外,建构主义理论强调学习者应该自我构建知识,因此学习者需要具备积极主动的学习态度和行为。为了激发学生的主动性和积极性,我们需要引导他们使用不同的自主学习策略,例如支架式、抛锚式、探究式、启发式、自我反馈等。这些方法有助于学生自我学习和独立地构建知识。[1]

根据建构主义教学理论,教学过程中,学生应该积极利用学习资料,在自主学习的同时,与同学加强协作,通过建构自己的知识体系,实现综合学习。教师被视为最为有效、优越、强有力的学习"助手",他们帮助学生自主学习,引导和规范学生的学习行为,特别是当学生的自主学习显得随意时,教师的作用会变

---

[1] 段为群.职业教育新理念下的《养蚕技术》教学模式研究 [D].昆明:云南师范大学,2006.

得至关重要，能够限制和控制学生的学习行为。除此之外，建构主义学习理论还特别强调营造情境。学习环境必须能够帮助学生理解所学内容的实际意义，因此需要提供与现实世界相关的真实知识。学生的知识获取和吸收通常与他们所处的具体环境有关。主体教育旨在创造和谐、民主的教育环境，激发学生内在的教育需求，同时有计划地组织各种教育活动，通过这种方式，使得学生能够成为具备自主、能动、创造性、认知和实践能力的社会主体，以适应社会发展和教育现代化的要求。[1]

（二）主体性教育理论

所谓主体性教育，是根据社会发展的需要和教育现代化的要求，教育者通过启发、引导受教育者内在的教育需求，创设和谐、宽松、民主的教育环境，有目的、有计划地组织、开展各种教育活动，主体性教育是一种培育和发展受教育者的主体性的社会实践活动。主体性教育主要具有以下特征。

1. 科学性

据主体性教育观点，学生不仅仅是教育的被动接受者，还是能够积极主动参与教育活动的主体。他们具备足够的能力，可以在学习和发展过程中得到充分的激发与发挥。教育的目的在于按照学生学习的客观规律，通过积极思考及独立活动的引导，将人类的认知所得转化成学生的知识财富、智能及才华，致力于使学生拥有合理的知识、智力与方法结构。

2. 民主性

在主体性教育中，民主性主要表现为两个方面：其一是将教育转化为一种民主的生活方式，充分尊重学生的主体地位，使他们能够自由自在地发展。为了营造良好的教育环境，我们需要消除所有不平等对待学生的现象，让学生的民主意识更强，并发挥他们作为主体的作用。其二是强调通过民主教育来教授学生民主理念，培养他们的民主思想、参与能力，从而成为具有主体性的新一代人，这体现了教育民主的原则。

---

[1] 董彦. 新课程理念下中学信息技术教学方法的选择和发展 [D]. 南京：南京师范大学，2005.

3. 活动性

为了促进学生主体性的发展，参与多样化的活动是不可或缺的。只有积极参与各种活动，学生的主体性才能够得到增强。活动是决定学生主体性发展的因素之一。主体教育旨在通过精心设计的教育活动，以最佳的方式促进学生个体的形成和发展，同时协调和融合各种活动形式和条件，充分引导学生身心的全面发展，达到理想的效果。

4. 开放性

主体教育的实施要求学校教育系统与社会生活密不可分，通过引导学生参加课外、校外及社会实践活动，拓宽他们的知识面和视野，加速他们自我意识的成熟，使其更快地适应社会生活。高等职业教育需要具有开放性，这是必不可少的。

可见，主体性教育理论充分体现了"以学生为中心"的教育理念。对于强调实践性与应用性的高职教育而言，主体性教育理论为创建具有高职特色的、体现高职学生主体性地位的教学目标奠定了充分的理论基础。

三、高职教育教学方法的心理学理论基础

教学方法的构建离不开心理学，对于高职教学方法而言，高职学生的认知规律与学习特性成为高职教学方法研究与实践的重要基础与依据。在此，我们着重论述认知心理学与多元智能理论这两个与高职教学方法密切相关的心理学理论基础。

（一）认知心理学

就认知方面而言，现代认知心理学将人类的认知过程指称为大脑信息的处理与加工过程，这是一系列相关的心理活动。这涉及一系列的认知心理活动，例如感知、记忆、注意、思维、学习和语言等。将信息处理后，我们就会得到按照特定方式存储的信息，这些信息通常被称作知识。为了获取这些知识，我们通常会通过听觉、视觉、视听相伴、亲身实践等多种方式来学习。心理学家的实验研究表明其学习效率分别为：听觉20%、视觉30%、视和听50%、自己动手90%。由此可见，"手脑并用"的实践可获得最佳的学习效果。高职教育是应用型和技术型教育，在课程结构上，实践操作的课程比例普遍达到50%以上。从认知心理学

的角度，高职教育的这一特性符合人的认知规律，有利于高职学生高效率地学习。因此，强调手、脑并用，注重实践操作性的教学方法符合认知心理学规律和高职教育的特性。

就知识的定义而言，现代认知心理学将知识定义为个体通过与其环境相互作用后获得的信息。个体的知识又可分为陈述性知识（指每个人能有意识地提取线索，因而能够直接陈述的知识）和程序性知识（指关于进行某项操作活动的知识，即技能）两类。根据认知心理学对知识的分类，高职教育的职业属性决定了高职教育更注重程序性知识的教学。因此，相应的教学方法也应符合程序性知识教学的特殊要求，要有别于陈述性知识的教学。这类教学方法注重学生的积极参与，通常围绕某一课题、问题或项目开展教学活动，从而使学生达到会学习并能独立操作、独立解决问题的目的。此外，它极为重视激发学生的学习动力和培养他们的学习兴趣。这引发了学生内在的学习动机，包括对学科的兴趣、探索精神、渴求知识的欲望等。学习的激励因素，包括但不限于未来发展前景、奖励和薪酬、培训成长机会等。通过创造各种情境，如集体的荣誉、团队的期望、角色的价值等社会动机，学生可在初次尝试应用、评价和在实践新知识或技能时，逐渐改变他们信息接收、知识学习和技能提高的方式，从而提高学习效率并取得更好的学习成果。

（二）多元智能理论

1983年，美国哈佛大学教授霍华德·加德纳出版了一本名为《智力的结构：多元智能理论》的书籍。加德纳刚开始阐述了人类智能具备全面的"范围"。这种表述质疑了传统智力理论所持有的假设，即人类的认知过程是多维的，不适合使用单一的定量智力测试来准确地衡量个体的智商。经过多年研究，加德纳逐渐完善了自己的理论，明确提出了人类具有多种不同的思维模式。他把人类的智力类型划分为了八种，其中包括语言智力、逻辑数学智力、空间智力、身体运动智力、音乐智力、人际关系智力、自我认知智力和自然认知智力。加德纳提出的八种智能比以前只关注语言和数理逻辑智力的观点更全面、更准确地描绘了人类智能的多样性。

多元智能理论的提出，全方位地揭示了人类智能的奥秘，打破了传统狭隘的智能观，成为突破传统单纯知识型教育的重要理论基础。长期以来，高职教育被定位于高等教育的专科层次，没有获得自身的独立地位，其发展模式也沿袭普通高等教育的模式。对高职学生的培养，也没有真正跨越知识型人才培养路径的藩篱。在多元智能理论的支持下，高职教育逐渐明确自身的定位，确立了高等职业教育作为一种独立的教育类型在教育体系中的地位。由此，为高职教育培养高素质技能型人才提供了心理学依据，并催生了具有高职特性的教学方法的诞生。

第二节 高职教育教学方法的内涵与特点

一、高职教育教学方法的基本内涵

（一）教学方法

1. 教学方法的概念

一般而言，教学方法常被描述为实现教育目标的策略和途径。在国内学者中，比较有代表性的观点如下。

黄浦全认为，在教学活动中，教学方法是引导、调节教学过程的最重要的手段。[1] 李秉德认为，"教学方法，是指在教学过程中，教师和学生为达到教学目的、完成教学任务而采取的教与学相互作用的活动方式的总称"[2]。王道俊、王汉澜认为，"教学方法是教师和学生为完成教学任务而采用的办法，它包括教师教的方法和学生学的方法，是教师引导学生掌握知识技能、获得身心发展而共同活动的方法"[3]。王策三认为，"教学方法是为达到教学目的，实现教学内容，运用教学手段而进行的，由教学原则指导的一整套方式组成的、师生相互作用的活动"[4]。姜大源认为，所谓教学方法，是建立在逻辑自洽的规则系统基础之上的教师传授学习内容以及学生实现学习目标的学习组织措施。[5] 关于教学方法的这一普适性定

---

[1] 黄甫全.课程与教学论[M].北京：高等教育出版社，2002.
[2] 李秉德.教学论[M].北京：人民教育出版社，1991.
[3] 王道俊，王汉澜.教育学[M].北京：人民教育出版社，1995.
[4] 王策三.教学论初稿[M].北京：人民教育出版社，1985.
[5] 姜大源.职业教育的教学方法论[J].中国职业技术教育，2007（25）：1.

义表明，教学方法涉及一系列的教与学的行动模式、组织形式和实施方式。

就国外学者而言，认为："任何教学方法都是教师的一整套有目的的动作，教师通过这些动作组织学生进行认识活动和实践活动，使学生掌握教学内容，从而达到教学目的。"[1]

教学需采用多样的方式展开：教师提问，学生回答；或者学生在小组里互相讨论，然后向全班报告等等。在教学情景中，教师和学生的这种为了教与学而展开的活动方式谓之教学方式（教学方法）。[2]

首先，尽管国内外学者对教学方法的定义有所差异，但基本思维方式是一致的，即认为教学方法受一定的教学思想的制约，受一定的教学目的的指导，并有助于目标的实现；其次，教学方法能够体现教学活动内部各要素之间的内在关系，特别是教师、学生、内容之间的关系；最后，为了实现人们所制定的目标，总是要借助一定行为操作。[3]

2. 教学方法的分类

从不同的角度，按照不同的分类方式可以将教学方法分为不同的类型。比较常见的有以下几种分类方式。

（1）根据教学方法实施主体的分类

"教"的方法与"学"的方法按照实施主体的不同，教学方法分为教师的"教"法和学生的"学"法。属于教法的有：讲授、演示等等，属于学法的有：听、记、练习、观察等等，可以看出，这种分类方法看到了教法与学法的区别，但未能看到二者之间的联系。

因此，学者们在"以学生为主体"的教育教学理念指导下，从"学"的方法的分类导出与之相应的"教"的方法，即模仿的学习方法→示范教学方法；抽象概括的学习方法→概括教学方法；解决问题的学习方法→求解教学方法；逻辑推理的学习方法→推理教学方法；总结提高的学习方法→反馈教学方法。这种分类

---

[1] （苏）斯卡特金主编. 中学教学论 当代教学论的几个问题 [M]. 赵维贤, 丁西成译. 北京：人民教育出版社，1985.

[2] 日本筑波大学教育学研究会编. 现代教育学基础 [M]. 钟启泉译. 上海：上海教育出版社，1986.

[3] 郭玉敏. 高等职业教育教学方法选择的思考 [J]. 职业技术，2007（04）：70-71.

法则将学法与教法有机联系起来，避免了两者的分割。

还有学者根据教和学在不同教学活动中的地位与作用，将教学方法分为：教师中心的学习方法，如讲授、提问、论证等。此时师生的语言交流是单向的，即从教师到学生。

师生相互作用的学习方法，如班级讨论、小组讨论、学习等。这种方法充分利用学生之间以及学生和教师之间的信息交流，对于认知领域较高水平的学习（分析、综合、评价）和所有情感领域的学习都特别有效。

个体化的学习方法，如程序教学，单元教学和计算机教学。这类方法适应学生学习的不同速度，有规则地、及时地提供反馈信息以促进学习进程。

（2）根据教学方法所属的不同层次的分类

在我国教育理论中，对于不同的教学方式进行评估、比较和总结后，我们能够发现教学方式被分为三个层级。

一是原则性教学方式。其主要特征在于提供理论性指导以支持具体的教学方法。

二是技术性教学方法。各种教学方法如讲授、讲述、讲解、讲演、谈话等，都可用于学校的多个科目教学。

三是操作性教学方法。这意味着每个学科都可以采用不同的教学方法，比如，劳动技术课可以采用工序教学法，外语课可以采用听说教学法。这些方法只适用于特定学科的教学，基于该学科内容特定的程序和方式。一旦这些方法被教师掌握，他们可以立即开始运用。

（3）根据掌握知识的基本阶段和任务的分类

苏联传统教学论对教学方法的分类包括以下三种：第一，让学生积极主动地对新教材进行感知和理解；第二，对已学的各种知识、技巧和技能进行不断巩固和提高；第三，对学生学过的知识、技巧、技能进行检查、检验。

（4）根据教学方法的形态分类

这种分类以学生认识活动的不同形态作为标准，这在我国教学论中很是常见，主要分为以下四类：情境陶冶；直观演示，包括参观法、演示法；语言传递，包括讨论法、读书指导、谈话法、讲授法；实践训练，包括实验法、实习法、练习法。

（5）根据学习的不同结果分类

按照学生学习结果的差异，可以将教学方法分为以下几种：激发、引导或者舒缓情感；激励学生的动机；对学生进行评价或评测；对学生的态度、思想、鉴赏力进行干预，甚至改变；告诉学生如何行动；帮助学生获得清晰明了的观念。

（6）根据学生认识活动的特点（思维活动的再现性和创造性）分类

这种分类法将教学方法分成了研究法、局部探求法、问题叙述法、复现法以及图例讲解法（也叫信息接收法）等五类。

（二）高职教育教学方法

1. 高职教育教学方法的流派

高等职业教育作为我国教育体系中的一种类型，其地位与作用逐渐凸显。与之相应的高职教育教学方法也逐渐受到关注。高职教育教学方法与高职教育的理念密切相关，有什么样的教育模式，就有什么样的教学方法。借鉴国外职业教育的发展经验，高职教育模式（教学方法）主要有三个流派。[①]

（1）CBE 模式

CBE 教育体系广泛应用于欧洲和澳洲，它以学生的综合职业能力为中心。它的核心特点是以培养学生实践能力为主要目标，以满足其从事特定职业需要。以学生的能力为教学的中心，摆脱传统学科框架的束缚。CBE 教学模式强调灵活多元的教学方式，以满足学生的主体性和企业的需求为目标，力求在最大程度上满足学生的需求。强调学生的主体性和自我反思能力，激发学生的自我驱动力。据研究显示，采用 CBE 教学模式时，学生所处的学习环境及其个人能力水平不会成为阻碍因素。与此相反，大部分学生能够获得较为优异的成绩。

（2）MES 模式

MES 模式是一种在发展中国家广泛使用的培训方法，以就业技能为主要培训内容，并采用模块化学习的方式进行。其最显著的特点是，除了设立一个总体目标外，每个模块和学习单元还设立了具体的学习目标，使培训目标更加清晰明确。使用模块化的培训方案可以通过不同的培训模块进行灵活组合，从而满足培训需求并达到预期的培训目标。不同的学习单元可以随意使用，且不会影响培训效果。

[①] 陈玉楼. 职业教学方法浅析 [J]. 职业圈, 2007（08）：89-90.

（3）合作培养模式

"合作培养"可以描述为一种教育和教学的模式，旨在提高学生的综合认知技能和实践能力。这是一种合作方式，旨在为职场人才提供培训，其中学校和企业共同努力。校企合作让资源得以共享，使得学生们有机会参与生产和实习，从实践中获取知识并培养技能。已经有证据表明，这种职业教育模式是最灵活、最优秀、最能够相互补充的，德国的"双元制"和新加坡的"教学工厂"都在应用此种模式。

可见，高职教育教学方法的流派还未独立地发展起来，它依附于高职教育模式的发展。由此，一方面表明高职教育教学方法的专项研究还处于初级阶段，有待进一步深入研究；另一方面也表明高职教育方法的研究不可能脱离高职教育的模式，两者是相互影响、相互依存的。这为高职教育教学方法的研究提供了基本思路。

2. 高职教育教学方法的依据

高职教育教学方法是指具有"高职教育特色的教学方法"。因此，高职教育教学方法既要符合教学方法的一般规律，又要有别于其他教育类型的教学方法，如普通高等教育的教学方法、基础教育的教学方法。为此，必然要为高职教育教学方法的研究寻找切实的依据，主要包括以下两个方面。

（1）高职教育的培养目标

"为生产、服务、管理一线培养高素质技能型人才"是高职教育的培养目标。高职教育的任何一方面都必须紧紧围绕这个目标而不得偏离，高职教育教学方法也同样如此。要确定高等职业教育的教学方法，必须考虑培养目标的方向性、课程内容的实际应用，以及教学过程中的实践性。考虑到当前形势，我们应当集中注意力于研究和改进实用性教学法的革新策略，研究人员应高度重视这种策略的实际效果。与普通高校以学科知识为主的教学方法不同，高职教育更注重应用性，更加强调学生掌握"应知、应会、应做"的理念，使学生不仅仅学习知识，还要具备实际操作能力和实践技能。[1] 由此，高职教育教学方法要符合高职教育的培养目标，突破长期以来高职教育对普通高等教育教学方法的简单模仿，开创并拓

---

[1] 李悠. 论高等职业教育教学方法的实施策略[J]. 职教通讯，2003（10）：38-40.

展能培养高职学生职业能力和岗位技能的教学方法。

（2）高职教育的课程特性

高职教育的课程具有"柔性"特质。"以就业为导向"的高职教育必须具备对市场的动态响应机制，及时反映出市场的动态需求，调整人才培养方案，以实现人才培养目标。而课程是市场需求与培养方案的转换器，是连接市场与院校的桥梁。因此，市场的动态性内在地设定了课程体系的柔性。柔性主要包括：机器柔性、工艺柔性、产品柔性、维护柔性、扩展柔性、运行柔性，职业教育课程主要体现了扩展柔性、产品柔性、工艺柔性和运行柔性。

一方面是扩展柔性、产品柔性与课程体系。

扩展柔性指的是系统在生产需求时方便增加模块、改变结构，从而实现更大规模系统的能力。产品柔性指的是系统能够在不耗费过多资源和时间的情况下，快速生产出更新或完全转向后的产品。此外，产品升级后应保留旧产品的价值特征和与之兼容的能力。

课程体系是指课程的结构与组织方式。高职院校的培养目标是适应企业发展需要的实用型、技能型人才，它的主要内容集中在企业岗位所需要的能力培养上，因此高职院校的课程设置，完全区别于其他普通高校课程设置中的模式化倾向，而鲜明地体现出灵活性和实用性特点，各具特色的课程设置，也将是整个职业学院办学中的一个特色。因此，职业教育的课程体系具有动态性、灵活性的特征，一是可以根据市场需求的变化，及时更新课程；二是可以根据市场需求，重组课程体系，构建适应新的人才培养需求的课程体系，如当前正在进行的基于工作过程的课程体系构建。这是扩展柔性和产品柔性在职业教育课程体系中的具体体现。

另一方面是工艺柔性、运行柔性与课程实施。

工艺柔性的含义是能够在不改变工艺流程的条件下适应产品或原材料的变化，随着产品或原材料的不同，调整相应工艺的难度程度也不同，在制造系统中。柔性生产能力是指能够适应多样化产品需求的生产系统，它可以通过使用不同的机器、材料和工艺流程生产出多种产品，并且可以使用不同的加工工序来生产同一种产品。

工艺柔性与运行柔性在课程中主要体现为课程实施环节。课程实施也就是按照课程目标将课程内容付诸实践的过程,从狭义上来理解就是教学。

就职业教育而言,课程实施必须具有灵活性、动态性和工作性,以保证学生职业能力的培养。具体在实际操作中,应根据专业的不同,选择适合的教学模式。如理论、实践一体化的教学模式,是在特定的实训环境中,通过师生双方边教、边学、边做来完成某一教学目标和教学任务。这种实训环境接近企业技术发展水平,能够营造浓郁的职业氛围,提高学生实际动手操作能力,培养良好的职业素养。产、教、贸结合的教学模式,是将教学、生产和市场营销融为一体。在教学过程中,教师既是教学工作的组织者、实施者,又是生产和经营者,将教学融入市场中,实现以产促教、以教促产,有效地锻炼学生的职业技能。此外,项目教学、任务驱动教学模式等,都能灵活地适应市场需求的变化,具有较好的动态响应能力。

可见,高职教育的课程体系及课程实施都与普通高等教育有较大的区别,由此决定了高职教育教学方法必须符合高职教育的课程特性,确保课程目标的有效实现。

二、高职教学方法的主要特点

(一)教学方法选择的多样性

高职教学方法必须符合高职教育的理念,在工学结合、校企合作的高职教育模式下,高职教学方法较之普通高校更有多样性。

首先,高职教师队伍较之普通高校而言,具有多样性特色。在高职院校,教师队伍的构成具有复杂性,既有理论课教师,又有实践课教师;既有专职教师,又有兼职教师;既有高职院校教师,又有来自企业的技师。因此,"双师"教师和"双师"团队是高职院校教师队伍构成的主体。不同的教师队伍具有不同的教学任务和教学风格,因此,教师队伍的多样化自然决定了教学方法选择的多样化。

其次,高职课程类型较之普通高校而言,具有多样性特色。高职院校的课程倡导的是"理实一体、做学合一",因此,课程内容有别于单一的理论课程或实践课程,因此,选择单一的教学方法无法保证课程目标的顺利实现,必须通过多样化教学方法的选择,才能确保各个教学目标的达成。

可见，高职教学方法的选择具有多样性，具体而言，高职教学方法的选择可以从以下几个方面考虑。[①]

1. 根据教学过程的任务选择

实践和理论融合的教学模式，是在特定的实践环境中，通过师生的互动探究和实践操作，实现特定的教学目标和任务。这种教学模式，其教学方法有：向学生介绍知识的方法、讨论和解决问题的方法、激励学生思考和探索的方法。此模式要教导学生掌握技能技巧的途径，加强对知识、技能的掌握；教导学生如何运用他们已掌握的知识。同时对学生的知识、技能和技巧进行评估。

2. 根据学习刺激方式的差异选择

当今教育理念认为，学生应该是学习的中心，教师则扮演着激发和激励学生学习动力和兴趣的角色。教学方式常见的还有展示法，即通过展示学习内容来辅助教学，例如使用图片、视频和实物等，通过观看图片和视频，学生可以更加直观地理解和记忆学习内容。通过操作活动来进行学习，实践方法是指通过分析和解决问题来激励学生学习。探索学习的方法可以通过引入具体情境来激发学生的探索欲望。例如，苏格拉底采用的"产婆术"式授课和孔子主张的讨论法，都是激发学生主动探究的有效方式。加强技术是指针对特定的行为结果，采用一些方法进行加强，比如行为修正、程序教学等等。

3. 依据师生共同活动的性质选择

一些学者指出，可以运用系统论的理论，根据不同的教学活动特征，对我国广泛使用的教学方法进行分类，以优化教育教学过程。一是针对师生认知的活动方法，如教学法、对话法、示范法等。二是教师和学生所采用的一系列实践活动方法，包括练习、实验和参观等。三是关于教师和学生参与评价活动的方式和方法，包括鼓励型、陶冶型、欣赏型等不同的方法系统。四是指有一套系统的师生交往活动方法，包括交往指导法、小组讨论法、班级交流法等。

4. 根据教学内容选择

在我国现代教育中，特别是高职教育中，我们通常会遇到一些选择式的教育模式。这些模式将教学内容分为实践和理论两个主要部分，并采用不同的教学方

[①] 李悠. 论高等职业教育教学方法的实施策略[J]. 职教通讯，2003（10）：38-40.

法。第一在进行理论教学时，我们可以采用不同的教学方法，如教师演讲、示范演示、程序化教学、引导提示、实验教授和小组讨论等方式。第二是指实践教学法，其中包括练习法、案例法、模拟法、四步教学法等方法。

（二）教学方法设计的综合性

高职课程的事实具有复杂性，特别是在工学结合的背景下，高职课程进行了基于工作过程的课程体系改革，由此，高职课程的内容与结构都发生了较大的改变，因而在教学方法的设计上要体现综合性，以满足课程实施的需要。

一方面，要根据课程目标，将各种教学方法进行优化整合。教学方法设计的目的是要最大限度地实现课程目标。在高职教育中，课程目标又具有复杂性，既有知识目标、能力目标又有态度目标，同时还包括各种职业技能认证的目标。因此，根据不同的目标，需要用不同的教学方法，并且确保各种教学方法能够有效配合。可见，普通高校课堂的单一讲授法已不能满足培养职业技能的需要，需要将各种方法综合起来，协调配合，形成合力，确保课程目标的实现。

另一方面，要根据学生实际，将各种教学方法进行合理改造。教学方法的设计不仅要考虑课程目标，同时还需要考虑学生的实际需求。因为高职教育的理念是以学生为本，高职教育最终的目标是要让高职学生受益，最大限度地促进高职学生的发展。因此学生是高职教学方法设计的重要依据。学生具有个体差异性，在高职教育中，特别是在学生技能培养方面，小组教学是较为常见的教学组织形式，因此，高职教学方法的个别性较为明显。这就要求在高职教学方法设计时，要根据不同学生的特点，综合设计各种教学方法，以适应不同学生的需要。

（三）教学方法运用的灵活性

在高职教学方法的运用过程中，需要体现灵活性。这主要基于以下两个原因。

一是学生具有主观能动性。对于同样的教学内容，设计的教学方法与实施的教学方法之间具有一定差距。因为就设计而言，教学方法是相对稳定的，而学生是具有主观能动性的个体，在教学过程中，随时可能打破教师原有的计划，表现出适应或不适应教师原有设计的教学方法，这就需要高职教师在教学方法的运用过程中，灵活操控各种教学方法，以适应学生的客观实际需求。

二是学生具有个体差异性。学生是具有个体差异的，不同的学生对同样的教学方法具有不同的适应性。因此，在教学方法的运用过程中，不能拘泥于原有设计，而是要根据学生的个体差异，因材施教，这才能最大限度地促进学生的发展。

在高职教育中，以工作过程为导向的课程有别于"填鸭式""满堂灌"的教学，要求实施理实一体的教学，在这样的背景下，学生的主观能动性能更好地发挥。但由此也带来了教学的诸多不确定性，如何应对这些不确定性，就需要在教学方法的运用过程中灵活处理，这就是高职教育教学方法运用的灵活性。

第三节 高职教育教学文化的特征与结构

一、高职教育教学文化的内涵与内容

高等职业教育提升人才培养质量，是高职教育内涵建设和品牌发展的重要体现和根本标志，而提高人才培养质量与教学质量和教学文化的塑造密切相关。教学本身就是指向人的精神世界、引导人的价值理念、塑造人的个性品格、提升人的文化品位的活动。可见，高职教育的教学文化是教师的专业发展、学生的学业成长、学校的内涵建设的重要内容，探讨高职教育的教学文化的概念、内容、功能、特征等基本理论问题，是科学认识其运行机制和基本规律的有效方法，也是推进高职教育健康持续发展的基本路径。

（一）高职教育教学文化的内涵

大学的本质是一种功能独特的文化组织，需要自觉地承担历史赋予的传承和创新文化的重大使命，这从根本上决定了大学不仅是客观物质和高深学问的存在，还是一种文化存在和精神存在。作为社会文化的重要组成部分，大学文化是引领、推动社会发展的一支重要力量，它一方面得到几代师生的普遍认同和遵循，另一方面它是高校长期办学特色、理念和精神的象征。大学教学文化是大学在长期教学活动中形成的，具有历史延续性与现实再生产性的精神样态。高等职业教育作为高等教育的重要组成部分，在高素质技术技能型人才培养方面发挥着核心效能，而高等职业院校的教学文化建设水平直接关系着人才培养的质量。

现实中，人们缺乏对高职教学文化内涵的认识，没有深刻体会产教融合、校

企合作、工学结合所蕴含的文化理念，因而也就不能从推进和引导教学改革深入发展的高度来重视教学文化建设。因为教学文化建设没有得到充分重视，导致工学结合的开发和实施仅限于专业范围，无法与学校的综合管理水平、制度建设和师资队伍建设等相互关联。这又进一步阻碍了教学改革的整体推进和有效实施。教师在转向"课程开发者"角色的过程中，由于缺乏教学文化理念的指导，他们仍然面临着被动和盲目的挑战，这些挑战妨碍了教学改革的顺利进行。

高职教育尚未将教学文化融入校园文化建设。当前，许多高职院校在校园文化建设方面仍受制于传统普通高校范式，缺乏探索如何将"工业文化""企业文化""工匠文化"等元素整合进高职校园文化建设的创新思路。同时，这些理论也局限于精神、制度、物质、行为等方面的建设。在实际应用中，高职教育通常没有重视教学改革所带来的与职业院校特点相关的教学文化现象。由于缺乏教学文化的支持，高职院校往往无法将校园文化建设与教学文化建设融合为一体。此外，许多高职学校没有从职业教育的根本出发点制订合理的校园文化建设计划，而是将主要责任交给了政工部门和学生管理部门，这使得高职校园文化建设难以有效推进。

高职教育与普通本科高校存在显著区别，包括在教育主体、教育目标以及教育方法等方面。高职教育注重将企业文化融入教学文化，帮助学生思考和实践未来职业发展目标、职业道德、职业能力、职业信念和职业发展等问题。高职教育人才培养模式与普通高等教育不同，其着重于学生的企业实践锻炼，使学生在企业顶岗实习期间与企业紧密接触，与兼职教师多交流，因此，学生在实践中很自然地融入了企业的文化。因此，高职教育的教学文化概念不仅仅是对"大学文化""大学教学文化"和"高职教育教学文化"进行深入阐述，而且其着眼点在于高职教育，即从高职教学中产生、形成的教育文化。高职教育的教学文化内涵不仅涵盖了大学教育所拥有的文化要素与内核，而且还注入了企业文化的核心理念，这明显反映了高职教育的办学理念。大学文化与企业文化两种不同的文化，通过高等职业院校这一主体的吸纳、发展和演化逐渐形成了有自身特色的高等职业院校文化，成为个体由学生角色快速转换为员工角色的重要助推力量，这也为学生适应职业岗位提供了强大的精神保障。高职教育的教学文化内涵十分丰富，因为它完全符合高职教育的本质。这意味着高职教育的目标是培养高水平的技术技能型人才，以满足服务区域的发展需求。在高职教育中，教学文化是指师生们通力合作、认可并共享的教育理念、知识结构、标准规则、运作方式及相关实物表现形式的整体。它是高职教育教学实践在文化和观念层面上的客观反映，同时也得到了社会和企业的认可。

（二）高职教育教学文化的内容

根据"教学文化是指教学生态环境和教学生活过程有机结合的总体文化"这一观点，教学文化主要包含两个方面：第一是课程内在的文化价值，即在教学实践中师生之间体现出的主客体关系的文化价值。第二是指教学生态环境与课程完美结合所涵盖的文化。我们可以将教学生态环境划分为两个层面，一个是明显的外在条件，另一个是深层次的内在条件。除了课程以外，专业建设中的显性条件还包括教学团队文化、教学条件（环境）文化、教学制度文化等其他因素。隐含条件涵盖了文化方面的教学理念、信念和风俗等。除了传授专业技能和知识，高职教育也需要强调塑造文化品质和培养职业精神，其中包括专业文化的培养。而从内容类别上看，高职教育教学文化的内容主要体现在专业文化、课程文化、活动文化、教师文化等维度，教学文化建设的目标，就是要建设生产与一线需要的高素质技术技能型人才培养目标相适应的教学生态环境，其中教师文化是要点，专业文化是核心，课程文化是基础，活动文化是载体，四者之间相互独立又相互关联，构成了高职教育教学文化内容体系的支柱。

1. 专业是高职教育教学文化的核心

高职教育在培养人的过程中，不但要传授专业知识和技能，更重要的是要形成一种文化品质，养成职业精神，这就涉及专业文化的培育问题。专业建设作为高职教育内涵建设的重要单元以及提高教育质量的重要平台，在高职教育中具有重要的作用。专业文化指的是所有专业学习者共同拥有的价值观和行为习惯的集合，这些价值观和行为习惯对应相应的职业生涯。加强专业文化建设是教学文化体系的中心点，这将激发学生对于专业技能的热情，提高他们的学习积极性。学校营造浓厚的专业文化氛围有助于塑造学生的职业品格，鼓舞学生追求职业梦想，纠正不良的职业观念，并培养良好的职业习惯。专业文化主要体现在职业性、行业性、多样性等几个方面。

（1）职业性。普通高等教育的重点在于学科教育，注重通过系统的科学理论知识，培养学生的能力。科学理论文化是主要文化之一，专注于专业领域和学科的理论知识。高职教育注重的是培养学生的职业能力并将其应用于实际工作中，专注于以职业技能为核心来培养人才，并且强调职业文化在专业文化中的主导地位。高职教育专业文化强调规范和制约专业教师和学生的行为，同时整合不同文化，让职业特质得到体现，具有突出的作用。

（2）行业性。高职教育以适应社会需求为办学目标，因此其办学定位明确，是以服务为导向的。为了更好地服务某个行业，高职教育应通过设立相关的专业或专业组合，来培养人才、进行员工培训和技术研发，以提升服务的定制化水平。每个行业都有自己独特的文化氛围。因此，为了造就能够满足行业需要的高素质技能人才，必须让高职课程的专业文化与行业文化相匹配。

（3）多样性。高职教育所涉及的专业设置通常与特定职业岗位或者职业岗位群息息相关，专业领域相对较为专一。因此，为了更好地满足专业需求，学校应该制定丰富多样的专业名称，尤其是在一些综合性地区的高职院校，其所涵盖的专业更加广泛和多元化。因此，高职教育的各个专业呈现出多元化的文化特征，这使得以各专业职业特性为标志的个性化文化成为一种既普遍又独特的文化景观。

高职教育的发展、人才培养、课程设置和教学质量评价与普通高校根据学科门类划分的教育模式不同。它们与产业经济和行业发展息息相关，并直接反映了市场对教育的实际需求。高职教育的最终目的是培养出具有中高级技术和技能的高素质职业人才，以适应和引领产业结构的调整和升级，同时引领社会经济未来的发展方向。在这个问题中，高职教育的发展状况与相关行业、企业、产业和职业有密切关系，其中，专业文化的重要性和关键作用已得到充分展现。在高职教育中，专业文化扮演着至关重要的角色。这一点尤其重要，因为它不仅是高职教育现代化水平的至关重要支撑，还提供了重要保障，使高职学生能够全面发展，教师能够实现专业化可持续性发展，并提高了学校的社会地位。通过建立良好的专业文化，我们能够培养出高水平的师资队伍，同时也可以潜移默化地增强学生的专业认同感和敬畏之心。这不仅可以增强专业在市场竞争中的优势和适应性，同时也能够使企业和行业更好地认可该专业毕业生的素质水平。因此，这种文化对于促进学校教育现代化的高水平发展起着至关重要的作用，并且能够得到广泛的社会支持。

2. 课程是高职教育教学文化的基本

高职课程文化必须反映人们在实际生产和日常生活中所创造的文化，以此作为文化的一种呈现形式。因此，是人类创造了文化，人类创造文化的初衷在于满足自身的需求，因此，在高职课程中，文化发展的标准可概括为培养学生具备正确有效的理解和能够对所处生存环境产生影响的能力，包括对自然环境的理解和改变能力。科技不断推动着世界的变革与进步，而高等职业教育的使命则是培养高水平、技能精湛的人才，以应对现代社会对于技术、技能的复杂需求，也就是说，该教育注重培养学生改善和优化自然环境的能力。高职课程文化是一种特殊的规范文化，旨在培养适应社会的个体。在实施课程文化实践时，需要保持开放的态度，灵活应对实际情况的变化。高等职业教育课程不仅融合了文化共性，还呈现出了独特的文化特征。现代职业教育必须顺应区域文化、产业文化、行业文化、企业文化的发展趋势来调整课程文化，这是一个不可避免的要求。高等职业教育和普通高等教育在知识技能组织和教学方法上的差别是非本质性的，这是它们之间的主要区别。课程是指教师或学生通过讲授、学习、研究和创新对某个理论化、结构化和系统化的文化进行探索和掌握的过程。相较于普通高等教育的学科课程，高等职业教育专业课程注重培养学生的实践能力和职业素养，具有鲜明的工作流程和行动导向特点。

在教学过程中，更加强调实践、开放和职业性，并将工程技术与学习紧密结合。高等职业教育课程和企业文化密切相关。它重视将职业培训教育和职业认证融合在一起，确保培训内容符合职业需求，同时推行"双证书"措施。这说明高等职业教育课程文化有其特质和特点。教育课程不仅是文化的一种表现形式，也是我们实践文化的方式之一。相比普通高等教育课程，高等职业教育课程的鲜明特点在于聚焦特定职业、适应特定地区需求、融合行业实践等。虽然高等职业教育课程与高职课程文化在某些方面有所不同，但所有课程内容都展现了其所处时代文化的精华理论，以结构化和系统化的方式呈现。这门课程旨在研究、保护和传承某一历史时期的文化。

3. 活动是高职教育教学文化的主体

活动文化是高职教育文化中的一种特殊形式，与物质、制度、精神和仪式文化不同。作为高职教育文化活动的象征，活动文化也是高职教育文化建设不可或缺的组成部分。在高职教育领域，各种形式多样、充满活力的活动文化不断涌现。校园活动文化是指有计划、有目的地针对学生的教育活动。这些活动包括思想政治、学术科技、文化体育、艺术娱乐和社会实践等领域。主要目的在于实施德智体美全面教育，使学生在活动中获得思想启示，树立正确的人生观、价值观和世界观，同时提高其人文素养，积累实践经验，全方位促进学生的全面发展。活动文化具有广义和狭义两种含义。泛指发生于校园内外的有学生参与的各种类型、各种层次和各种形态的活动所体现的文化意义、氛围和特征等的总称。活动文化反映了这些活动的文化意义、氛围和特征，可以作为活动的总称。活动文化的狭义定义指的是那些非常规的校园文化活动，不包括在课堂中进行的教学活动。这些活动对学生的思想道德素质、社会实践能力和身体健康体质的培养都具有积极的作用，同时反映了一定的文化内涵和特点。高职教育应当注重活动文化建设，积极举办丰富多彩的校园文化活动，始终坚持以育人为本的宗旨，以服务高职教育为主要任务。在活动文化建设过程中，应不断深化对于其内涵的理解，同时也要不断创新活动文化的内容与形式，以提升活动文化的内涵品质。

4. 教师是高职教育教学文化的要素

高职教育教师因高等教育和职业教育相结合的特点而具备跨领域的能力，所以他们的文化特点也有其独特之处。高职教育教师的文化特质在外表形态和内部结构上与普通高校和中等职业学校的教师有相似之处，但在实践、反思、服务等方面呈现出鲜明的个性和特色。

（1）实践：育人与授技。教育活动涵盖了许多各异的实践行为，并且这些行为之间存在着错综复杂的联系。教育活动不是孤立的存在，而是与周围环境相互交融，相互作用。这种作用方式多种多样，相互影响。由于教师是教育实践的主要参与者，因此教师文化也具有实践性质。当研究教师文化特质时，学者将反思和实践视为至关重要的要素，因为教育活动的实践性需求需要这两个要素的支持。在教学实践中，教师的实践能力在于通过相互影响、以人为本地培养个体。这是一种相互促进的行为。所以说，实践是教师文化特质领域中不可或缺的一部分，它与学校课堂教育紧密关联，可以归纳为育人实践。教师文化的育人实践特质得到了国内外相关研究的充分证明。国外的学者强调了教师实践性知识的重要性，并提倡让教育教学充满活力和实践性知识；而国内的学者则强调了教师实践智慧的意义，呼吁让教育教学更加注重实践智慧。总之，教师文化的育人实践特质是不可或缺的。

（2）反思：课堂教学与企业生产。反思是指个体对自己的行为和方式进行检讨和反省，通过这种方式获取并积累内在经验和知识，是一种以自我为中心的个体学习过程。波斯纳是一位美国心理学家，他提出了一个关于教师成长的理论：教师的成长不仅需要积累经验，还需要进行反思。这个理论清晰地说明了反思对于教师职业成长的必要性。因此，作为高职教育的教师，需要深入思考课堂教学和行业企业生产活动的情况。另外，需要审视我们所进行的教育教学实践活动，并反思自身在行业企业中应用专业技术的能力。这将有助于我们提高专业技能，确保与企业生产技术保持相匹配，甚至在某些方面超越企业生产技术的进步。

（3）服务：学生成长与经济发展。在高职教育教学中，教师除了是教育和研究的重要角色外，也应扮演服务的角色。作为教育者，我们的责任是支持学生的成长和发展。第一个是为学生提供专业技术技能培训服务，包括帮助他们优化专业知识结构和提高技能水平，以促进智力和实践水平的全面提升。另外一项服务是提供人生导师服务。高职教育教师应该注重培养学生的自信和自尊，以关心学生的生活并提供学习帮助为重点，并在学生未来职业道路上扮演指导的角色。这样的做法有助于学生树立科学的人生价值观和职业观，并促进他们的身心健康发展，使他们能够找到适合自己的职业发展方向。此外，研究者应该致力于为地区经济的增长和发展作出贡献。职业教育与经济社会发展有密不可分的关系，其中市场经济体制下的职业教育的本质是服务，因此职业教育的发展要与社会经济形势的变化紧密结合，以此为基础引导职业教育的转型升级。首先，立足高职教育本身，提高教师的实践能力和专业素养，将实际需求融入教学内容和方法，为培养适应区域经济发展需要的高素质人才提供有力支撑。其次，我们的重点在于开展应用研究和服务开发，以解决本地产业和企业所面临的实际难题。教育者和研究者都属于服务领域的从业者，他们的工作目标都是为人们提供优质的服务。

两者之间并不存在对立的情况，相反，研究者的工作是为了更好地为教育者和学生提供服务。

二、高职教育教学文化的主要特征

（一）理念诉求的人本性

高职教育并非简单的职业培训，它关注的是学生全面的人格发展，而不只是为了一些实际的功利目的而进行的职业培训。高职教育的目的不仅仅是为了让学生成为某个职业的高手，更重要的是要培养学生的个性和人格，因此与单纯的职业培训不同，它更加注重"育人"而非"造器"。高职教育以学生为中心，注重人文关怀，并散发人性温情。在高职教育的文化中，最基本而深刻的价值方向就是同时培养学生的职业技能和职业素养，让他们成为具有专业技能和良好职业道德及精神素质的人才，从而能够在工作和生活中保持优异表现，甚至可以在工作之余还能继续学习文化知识。这样的教学方式可能是最重要的教育模式。在将工程学与教学结合的过程中，学生不仅需要获得操作技能的训练，还需要进行心智技能的培养。除了关注经验方面的能力培养，还强调将其提升至策略层面。除了提升专业能力，还能获得技巧能力、人际交往能力以及其他方面的能力；除了强调职业技能训练，也关注职业道德素养的塑造。通过利用有效的课程工具，在"课堂教学"这一主流渠道中，可以培养学生的职业素质。这些学生不仅能够通过这些措施学会职业技能、获得职业证书和锻炼职业能力，而且可以在此基础上，促进终身学习和可持续发展。根据加德纳的多元智能理论，我们可以把焦点放在职业分析的角度上，开发工学结合模式的教学方法，以注重技能的训练为主并不仅仅是学习学科体系，同时也要关注个人的需求和成长，确保我们满足社会的需求。相对于传统的单一的成绩评价方式，高等职业院校更注重以一种以人为本的全面评价观来衡量学生。这种方法具有广泛的多样性，它不仅评估专业技能水平，还包括方法技能和社交能力等多方面的评估。为了做到更全面的评价，需要综合考虑学习过程中的多个方面，包括但不限于学习方法、工作方法、团队合作技能、工作纪律和工作态度等，只有这样才能够更准确地评价学生。

（二）价值追求的实用性

实用性教学理论源于高职教育的教学文化，强调实用性的特征。这个理论是一种典型的结构，它以目标为导向，并以手段为基础。教学是一项有明确目标、精心设计和渐进推进的有计划活动。教学目的通常在课程开始前就已确定，教学行为必须按照这些目标来有序进行，以确保达到预设的教育目的。在高职教育中，强调知识技能的实用性，培养学生适应社会生产就业的能力。这门学科注重实践技能，虽然可以接受碎片化的知识，但更注重知识和技能在实际问题解决中的实用性价值。高职学生在成长过程中需要不断提升自己的技能水平。为了实现"中国制造2025"以及工业强国的愿景，我们需要拥有大量高素质、训练有素的工匠型人才，这些人才被称为"大国工匠"。高职教育是培养高素质技能型人才的主要场所，应该积极传扬"勤劳成就荣光、技艺非凡荣耀、创造卓越伟大"的理念。为了培养学生成为技术能手，教育者们需要深入讲解专业知识和技能要点等重要内容，并全面介绍专业的价值观和文化内涵。强化对工业中心、实验室、实训场地等场所的专业化建设。在职场文化方面，要展现专业特色和文化内涵，以及职业素养和工作标准等方面，以帮助学生养成正确的行业人文素养、思维方式和职业规范。例如，策划一场富有生机和内容丰富的大学生科技文化节，同时建立一个完整的选手技能竞赛系统，挑选表现出色的选手参与省级和全国级赛事，同时广泛表扬和赞赏获奖选手。此外，我们还设置了一个展示师生创意作品实物的区域，旨在向全校展示广大师生的原创作品。通过这一举措，我们希望让大家更加深刻地认识到技能和创意的重要性，同时也为创意的发展营造了一个富有活力的文化氛围。高职教育需符合社会发展需求，坚持实用性，根据区域经济社会发展需要，在培养对象、招生人数、学校布局、专业种类、课程计划、评估标准以及实际教学过程与方法方面进行调整。若不按照这一原则进行教学，任何教学形式、课程改革以及人才培养计划都没有实际价值，而且可能会遭受社会和个人的反对。

（三）内容取向的职业性

高职教育的目的是培养学生在职业方面具有全面的能力，因此其教学在高职教育人才培养的方方面面都具有职业性质。高职教育应该以服务为主要宗旨，并以就业为主要导向，以此来贯彻其办学方针。在专业教学方面，需要体现出职业工作过程的特点，以及符合职业资格标准要求。高职教育应当同时注重培养学生的职业素质和职业技能，这两者是实现目标的重要元素。

高职教育应以职业或职业岗位群为基础来设置专业课程，旨在为毕业生就业后的职业需求提供全面的能力培养和知识储备。在校期间，学生应该注重培养与未来职业需求相关的知识、技能和态度，并以此为依据。此外，还需要注重培养学生对相关职业的兴趣和道德素质。高职教育的教学文化强调职业素养的培养，这是其重要的价值和作用之一。高职教育应当以职业领域的需求为基础，设计教学方案，通过对职业能力的分析来构建学生的知识、技能和素质结构。为了使学生能够掌握最新的设备和技术，我们应该重视产业和产品结构的变化，并及时调整课程结构和更新教学内容。这样，就可以更好地培养学生的职业知识和技能，毕业生便能表现出快速掌握工作技能、工作适应性强等职业特点。

（四）参与主体的多元性

在《国务院关于大力推进职业教育改革与发展的决定》中指出，需要建立一个管理体制，在国务院领导下进行分级管理，由地方政府为主进行统筹规划，并且充分发挥社会的参与作用，逐步完善这一体制。实现多元化的教育经营模式，需政府主导、企业助推、行业积极发力以及社会力量积极参与。高职教育的可持续性需要社会环境的支持，因此高职教育需要充分吸纳社会各方力量，以便更好地开展教学工作。高职教育的办学模式应该是开放、灵活和多元化的。考虑到高职教育的主要目标是为服务地区经济和社会的发展培养人才，因此地方机构是高职教育的主要管理者和受益者。鉴于此，高职教育的教学内容自然会结合当地的文化特色。根据《国务院有关加快推进现代职业教育发展的决策》，高职教育的目的是结合所在地区的需求，注重培养适应企业特别是中小微企业技术研发和产品更新等方面需要的技术技能人才，同时加强社区教育和终身学习服务。

学校应该积极征求行业和企业的意见，包括但不限于教学改革、课程设计、教材开发和实习实践等方面，以便将这些意见融入教学计划，实现人才共同培养、过程共同管理、成果共同分享和责任共同承担。同时，学校应该充分发挥企业的重要作用来推进这一进程。高职教育的范围应该扩大，不仅仅涵盖在高等职业院校中提供的教育，还应该覆盖到各种类型的教育机构。

（五）方式选择的实践性

在高职学生的成长过程中，实践经验是至关重要的基础。在人才培养中，需要注重培养学生的实践精神；在推进人才培养模式改革的过程中，应重点关注提升学生的实际操作能力。在制订教学计划时，应该注重实践教学部分的议程。需要注重培养学生的实际操作能力，在教学方法上给予充分的关注。我们需要更加注重实践教育，采取项目以为导向、基于工作过程、案例推演、角色扮演等教学方法，并将教学与实训有机结合，以提高专业教育的职业化水平。我们的目标是通过建立校企合作办学模式和工学结合人才培养模式，来提高学生的实践能力，进而提高人才培养的质量。相较于普通高等教育，高职教育着重于培养学生实际应用技能，并将理论知识掌握程度控制在足够使用的水平，尤其注重学生操作技能的实际应用，强调将学到的知识转化为实践技能，"学以致用"和"知行合一"成为高职教育教学实践的核心原则。高职教育教学需要将理论知识与实际工作有机地结合起来，为此，在校园内应建设模拟实验基地或实验室，供学生实际操作，以此培养他们的生产技能。对于高职教育的教学质量评价，需要重点关注学生是否能够将所学知识和技能成功地应用于实际的就业和创业中。

（六）课堂建构的创造性

高职教学文化的创生性不仅表现在其创造性方面，也体现在其文化创生方面。创新是推动一个国家繁荣发展不断前进的重要动力，也是现代青年必备的能力。当前，拥有创意的学生在社会进步中具有巨大潜力。为了培养具备创造力的人才，学校教育应创造一种宽松、愉悦和富有创造性的环境，让学生可以感受到创造性的氛围和精神，同时也能够培养他们的创造力和创造性人格，从而综合提高学生的创造能力。在一种富有创造性的教学环境中，学生和教师之间的互动和合作能够促进专业知识、职业技能和职业素养的开发，这种学习方式更加自由、灵活。教师能够向学生传授专业知识和技能，同时学生也能够向教师分享最新科技知识等信息。目前的教育趋势越来越注重学生的主体性，因此教师的角色已经不再是唯一的教育主导者，教师仅仅传授知识已经不足以满足学生的需求。学生不再是只是被动地观察者，而是具有积极性和创造力的主体。学生在学习过程中可能会有选择性地吸取一些知识和技能，而教师也常常会对教材进行删减或添加以满足教学需要。在高职教育中，教师的教学方法也在不断创新。教师以多种方式鼓励学生思考、质疑、表达和实践，以促进他们的认知和实践能力。他们致力于在新知识、已获得的知识、跨学科知识以及日常生活知识之间促进学生间的沟通和探究，并激发他们探索新事物的兴趣。这个课堂环境设计是让师生共同享受探究的过程。除了给学生提供思考和实践的机会，教师也需要针对不同类型的知识和技能采用不同的教学方法来进行教学。

三、高职教育教学文化的结构

高等职业院校的教学文化从精神文化、制度文化到行为文化、物质文化，传承并创新着具有高职特色的校园文化。据此，高职教育教学文化的结构主要呈现以下几方面。

（一）高职教师文化结构

高级职业学院的教育师资队伍需要采用"双师制"结构，在每个专业的教学团队中既包含从学校聘任的专业教师，还要将兼职教师从业者纳入其中。此外，"双重教师素质"意味着学校的教学团队必须具备既有高等教育从业者的素养，又有符合企业专业技术人员的才干。为了实现高职教师的"双师"目标，必须采取多种行动。这些行动包括跳出传统思维、深化认知、改革教育和经济体制、推动校企合作等，以便建立由专业教师和行业专家共同组成的教学团队。我们需采用多种方法如邀请、派出、深入学习、专题研讨等来促进教师与企业人员的参与，以帮助他们转变思想观念，推动团队建设。需要建立制度保障，以确保我们拥有一个素质优良、结构合理、团结协作的教学团队。这个团队应该由专职教师和具备相应高技能水平的兼职教师相结合，基础课程以专职教师为核心，实践技能课程由兼职教师来讲授。需要推动教师走进企业实践，确立明确的职责和任务，并建立有效的考核机制以确保取得实际成果。为了更好地管理兼职教师，我们应该明确他们的聘用资格和条件、招聘程序、管理规定以及如何控制教学质量。此外，我们还应该邀请企业的技术人员、技术专家和业界专业人士参与到人才培养的全过程中来。

(二)高职课程文化结构

高职教育的课程设置独具特色，注重融合学习和工作实践，以实际工作任务和项目为主线构建课程体系。这门课程的独特之处在于以校企合作的方式研发专业核心课程，采用"工作过程系统化"的课程体系，着重培养学生的生产操作和技术应用能力，展现出浓郁的文化特色。该课程紧密融合实际生产过程和真实生产的产品，使学生在学习完成后能熟练掌握相关岗位的生产操作和技术应用技能。创建一种以项目为中心的、以任务为导向的高职课程文化，其主要特点在于将主流课程设计与工艺流程的多个步骤所需的技能相互协调，以确保符合职业能力要求和实际生产需求。

(三)高职教学方法文化结构

为了取得适宜的教学成果，高职学科需要使用独特的教学方式。高职课程秉持学生为核心的理念，重视培养适应社会需求的"专业人才""职场新人"，以及具备生存能力和潜力的"全面人才"。因此，应该秉持以能力为导向的教育教学理念。能力的培养既要靠特色课程设置，也要靠特色教学方法。以"重视能力培养"为特征的高职教学方法文化就是要积极推进适应高职学生特点的教学手段与方法改革，积极探讨一体化、讨论式、案例式教学、多媒体教学和情境学习、建构学习等教学模式。公共课、基础课教学按照贴近专业、亲近职业、创设情境、问题引入、案例引导、任务驱动、学用融合等要求，积极开展教学改革。专业课程坚持行动导向的教学，按照"资讯、计划、决策、实施、检查、评估"这一"行动"过程序列，强调"为了行动而学习"和"通过行动来学习"，在教学中，让学生在自己"动手"的实践中，掌握职业技能，从而建构属于自己的能力体系。

(四)高职教学管理文化结构

保障和提升教学质量在高职教学管理中具有至关重要的作用。一所学校的生命力在于其教学质量，而教学质量的好坏则基于学校的教学管理水平。高职教学管理文化所体现的"严谨"特质，表现在始终以提升教学质量为核心，永远不松懈对教学质量这条与办学生死相关的主线的把握。高职管理文化以科学、全面的质量观为基础，将提升教学质量作为最重要的任务，并致力于切实、细致地落实和执行。通过构建完善的教学制度和监察机制，促进教学管理的规范化、系统化、制度化、现代化。对教学方面全面总结，进行教学质量分析，找出问题并确定改进方向。每个教师都需要接受教学质量评估，以协助教研室对本学期教学任务完成情况和教师质量进行综合分析。我们需要归纳出教学改进的成功经验，并仔细审视现存的不足之处。基于以上情况，学院和学校需对教学质量进行更加全面的分析，生成综合性分析报告，并对理论与实践教学的整体运作展开分析。在系部教学大会上，向全系教师介绍分析结果，并对表现不佳的课程和教师提出改进的要求。将这些整改措施纳入新学期的教研活动内容和系部教学工作计划中。每个学期开始时，学校对教学总结、质量分析以及日常监控和评价情况进行评估并反馈到系部，以便持续提高教学质量。

第四节 高职教育教学文化的价值取向

一、价值、文化与价值取向

关于"价值"这一概念，学术界有着不同的认识，归纳起来，可以分为以下三个方面的观点：第一种，价值同事物一样，是一种"实体"存在，它独立于其载体和评价主体之外，也独立于人们的意志、情感、理智、认识和"经验"之外。这种作为客体存在的价值可以分为两种，即唯客体论的实体说和唯主体论的客体说。唯客体论的实体说把价值直接等同于人认识的对象"客体"。唯主体论的客体说把价值理解为人，人就是价值本身，除了人之外，就不存在价值问题。第二种，事物固有的属性即为其价值。这种观点主张价值是一种固有于客体本身的特性或属性，不受外在条件的影响。认为事物本身就具有善或恶的本质。第三种，价值可以被视为一个与关系相关的概念。这种观点表明，价值实则是一种相互关联的存在，它并非是固有于某个物体或实体的属性，也不是具象实体，而是某物或某事对于人或其他物品的用处所产生的影响，其存在取决于物体与人类或其他物品之间的相互关系。

文化亦深深根植于一套无形的价值观念之中。整个文化的发展方向直接受到核心价值观发展变化的影响，因此核心价值观在该体系中具有至关重要的作用。高职教育教学文化是一种由多个精神要素构成的精神氛围，在与高职教育及其教学活动的自然交互中，其核心要素主要包括高职教育对基本价值的坚守，以及在此基础上产生的行为方式的指导或影响。这种基本价值定位和引导主要集中于以下三个方面：首先是以知识、学问为基本指向的知识本位价值，它注重文化的传承与创新，追求知识与学问；其次是以人的培养为基本指向的人本位价值，它注重个体的发展，将培养人才、塑造人才作为教学的主要目的；最后是以服务社会、适应社会为基本指向的社会本位价值，它将提高社会公众的素养、促进社会现代化视为教学的主要使命。

价值取向可以理解为一个人基于自己的价值观所持抱负、立场和态度，当面对各种矛盾、冲突或关系时，这种取向会影响个人的行为和决策。它是价值哲学中一个重要的概念。个体在价值判断的基础上所追求的价值目标，构成了文化价值取向。这种价值取向是以价值理想为导向，具有动态性，能够对价值进行深入分析。文化层面的价值取向在某种程度上反映了文化价值取向。如果一个人具备一定的价值观念，那么在接受文化信息时，他会认为某些价值观更好，将其作为自己的首选观念，或者接受并将其视为自己人格中最重要的部分。个人的价值观取向随着满足生存和成长的需求而形成，在这个过程中，个人会对客观事物的价值进行设定，并表现出对于不同价值的喜好和倾向。文化价值取向可归纳为：主体基于文化的一种价值期待、判断、选择和追求的意向。它是整个社会价值体系构成中不可或缺的一部分，而非独立存在。它是社会状况的一种反映，受到社会环境的影响。该现象不止会受到社会价值观的塑造，同时还会对社会价值观的演变和变迁产生影响，从而在一定程度上反映了社会的发展方向和进化趋势。

二、高职教育教学文化的主要价值

鼓励全面思考高职教育教学。教学文化研究综合了教学和学习两方面的材料，并把握了课堂教学的总体状态，从而更全面地发现教学活动的本质和意义，促进教学双方关系的进一步升华。它有助于将表面的、预先设计好的课堂教学，逐渐引向更深刻、更富创意的本质课堂教学。成功的转型让研究从以"学"为基础的单向度教学研究变成以"教学"为核心的全局性研究，这有助于更好地实现课堂教学中"教"与"学"之间的本质上的统一。

促进师生之间建立友好和谐的互动关系。传统的课堂教学注重向学生灌输课本知识，将教师视为无可争议的权威，却忽视了学生的情感、道德、品德的培养。同时也忽略了对学生实际生活技能和实践操作能力的培养。这引起了师生之间的紧张和对立，学生在艰难压抑和不满的情况下完成学业，因为他们缺乏热情和动力，以至于学习效果有所下降。在"互联网+教育"的背景下，教育已经演变为一种师生之间相互交流、互相对话和合作互动的文化传承行为。

三、高职院校教育教学文化价值取向的具体内容

高职院校的新型教学文化旨在培养具备技术技能的人才，它倡导产教融合、校企合作、工学结合、知行合一以及教学相长等价值取向。

产教融合。随着人力资源供给侧结构性改革的深入推进，深化产教融合势在必行。在高职教育中，产教融合是一种基础的办学制度，这对于全面提升教学质量和促进就业创业方面有着至关重要的意义。因此，为了深化产学融合，我们需要实施《国务院办公厅关于深化产教融合的若干意见》（国办发〔2017〕95号）中的相关内容。这些措施包括但不限于：预测人才需求、加快调整人才培养结构、创新教育组织形式。此外，还需要充分发挥行业和企业的作用，促进教育和产业间的有机联动，推动双方协调发展。

校企合作。在第十九次全国代表大会上，指出了职业教育和培训体系的完善，以及企业和学校合作的进一步加深，为职业教育的发展提供了方向。2018年，六个政府机构联合发布了《职业学校校企合作促进办法》（教职成〔2018〕1号），旨在推动以创新为驱动的产业升级进程。这项措施要求充分发挥企业在技术知识、设施设备和资本管理等方面的优势，与学校建立长期稳定的合作机制，以培养技术技能人才。

工学结合。高职教育专业的建设更加注重开放和互动，相比普通高等教育更具优势。经过多年的研究和实践，结合工程实践和学术理论已成为高职教育的基本办学模式，被广泛地认同和采用。要实现工学一体化教学，需要遵循以下原则：与产业需求相对应的专业设置，与职业标准相匹配的课程内容，与生产过程相衔接的教学过程，与职业资格证书相呼应的毕业证书，以及与终身学习相结合的职业教育。我们可以借鉴中国和国外的学徒制度经验，但我们需要创立一套现代化的学徒制度，并且要清楚明确参与实习和学徒培养的利益相关者在这个过程中所

享有的权利、承担的义务以及所受到的保障制度。

知行合一。把所学的知识付诸实践。王阳明在明代提出了"知行合一"的思想，这个命题的核心意义是人的行为与道德修养要保持一致，二者不能分离。高职教育为了解决知行合一问题提供了一种有效的方式，但目前高等职业教育模式更加注重于实用性，过分强调人力培养，而忽视了个体素质的培养。我们要基于专业的建设，充分发挥知识与行动结合的作用，让人才培养和教师发展相互促进，同时与专业性人才培养和专业化教师发展相协调，以培养高素质的技术专业人才。

教学相长。教与学，是意义和关系的建构。完成教学后，师生共同分享课业成果，不仅能够增加教学的趣味性，也有利于促进师生共同体的发展。通过这个过程，学生和教师将相互促进，形成相互学习、相互提高的文化价值取向。一名高职院校教师需要扮演多重角色，包括教师、培训师和咨询师等，在教育和培养的过程中，注重实际应用，强调从实践中反思和在反思中实践。通过此方式，可使理论教学和技能教学相辅相成，提高教学能力和操作技能。

四、高职教育教学文化价值取向的影响

高职教育的发展与转变，受到了高职教育教学文化价值取向的动态判断和选择的影响。教学文化是高职教育不可或缺的组成部分，对于高职教育的发展具有至关重要的作用。教学文化所体现的价值观念会在一定程度上影响着高职教育的发展方向，主要表现在它对教师的教学和学生的学习方面。

（一）对教师教学的影响

作为教学活动的中心，教师负责设计、组织和管理教学活动。教师职业的典范作用意味着教师可以通过他们自己的知识、智慧和品德直接对学生产生影响。教师的教学目标制定是否合理，将直接影响教师在教学过程中所采取的行动，进而决定学生是否能够得到更好的发展。通过研究教学文化的价值导向，可以更好地指导教师的教学行为，因为观念对行动具有支配作用。一旦教师确立了个人的教育理念，就会形成思维惯性，这影响了他们对教学中具体情况的看法，从而影响了他们在教学过程中所做的决策，并最终影响了学生的学习情况。教学文化的价值取向描述了教师对教学的基本价值观和态度，这是教学价值取向的表现方式。

教师对于教学目标的理解和总结因教学活动的不同而有所不同。换句话说，教师的教学行为反映了教师对教学价值的看法。具体来说，教学文化价值观对教师教学的影响体现在以下几个方面。

影响教学目标的设计。在实际的教学过程中，即使教师们都依据相同的课程标准来教授相同的教材和内容，考虑到各种因素的影响，他们所制定的教学目标却可能各不相同，甚至存在着巨大的差异。作为一种指导思想，教学价值取向对教师在教学目标的设计上起着定向作用。由于教师的教学价值取向不同，因此教师在实现教学活动目标时的侧重点也会因此而异。教师的文化价值观反映了他们自身的需求和成长。他们在选择思想和行为时，会考虑自己的文化价值观。这些文化价值观构成了教师信仰和信念的基础，对他们在教学中作出决策和指导学生方面起着至关重要的作用。

影响课堂教学行为。教学文化的价值观影响着教师的授课方式、课堂组织和对学生的评价方式。如果一位教师更加注重所教知识的内在意义，那么在教学中，该教师会更加重视促进学生在思维、认知等方面的发展。针对此，教学方法的设计将会考虑如何营造合适的教学氛围，以便学生深刻理解文章情感，并掌握问题思考的过程。思考如何安排探索性学习的活动以增强学生的技能水平。采用更为恰当的手段和技巧来评估和概括学生的表现。当教师强调教授知识的实用价值时，他们会关注教学内容的实际运用价值。在教学方式方面，注重快速而直接地向学生传授新知识，并通过反复练习的方式深化他们的记忆，但对学生的学习兴趣略显忽视。在考核时，有时会过于重视学生对课程大纲中知识点的掌握程度，从而追求在考试中取得高分，但可能会忽视学生综合能力的全面发展。在历史长河中，高职教育的发展思路经过了多次演变，从最初的技术至上，到以就业为导向，再到技术与人文融合，最终实现人的全面发展。随着时代变迁，高职教育的教学文化更加强调对个体的全方位呵护，并积极促进现代职业教育机构的结构化建设。

影响教师职业发展。教师工作中有很多重复性的内容，尽管课程一直在改革，课程标准也在变化，但某些教学内容的变化不是很大。如果教师坚持老旧的教学方式，不顾教育教学改革的发展，那么即使他不断学习各种新的教学技巧，也无法真正提升他的教学能力。这会对教师的职业发展产生不利影响。有着先进教育思想的教师，会持续更新自己的教学方式，并且放弃过时的教育模式。他们紧跟时代发展的步伐，从创新教育内容、授课模式入手，以提升教学效果。同时，他们会不断提高自身专业水平，致力于帮助学生实现自主、全面的发展。他们不断探索更为适宜学生发展的教学方式。这类教师会认真地反思和总结自己的教学经验，以此推动自己在职业上不断成长。

（二）对学生学习的影响

教学过程是指教师利用各种有效的教学方法和策略，按照既定的计划和目标，引导学生掌握学科知识和技能，并对其思想品德产生积极的影响。教师的教学文化价值取向对学生产生的影响至关重要，因为教师作为教学主体，其价值取向的正确与否会直接影响到学生的学习结果。

影响学生知识和技能的学习。学校教育对个体的身心发展有着至关重要的影响，而承担着传授知识和技能任务的教师，则扮演了教育过程中的主要角色。他们对学生的学习成绩产生着重要的影响。虽然高职教育学生在高中阶段表现一般，但不能因此就认为他们是"低能低分"的人。相对而言，很多人在校园组织的各类活动中表现积极，他们头脑灵活、热衷于社交、好奇心强、有责任心、渴望得到认可、恪守规矩。他们的选择是出于希望通过接受高职教育，努力掌握一门专业技能，以期将来能够找到一份理想的工作，迎接光明的前景。他们非常努力地学习科学文化知识，并对实际操作、技能比赛等方面表现出浓厚兴趣。他们非常期望自己能够在专业技能方面取得较大成就，并渴望得到他人和社会对他们能力的认可。教师可以通过增强学生的心理韧性来帮助他们更有效地掌握基础知识和实践技能。此外，教师还采用了创新的教学方式，如激发学生的创新思维和促进他们的交际能力等，以突出教育文化的价值导向，从而在某种程度上促进了高职学生知识和技能的学习。

学生是处于成长阶段的人，拥有成长潜力需依靠他人的支持和向着正确方向发展的倾向。因为教师与学生长时间共处，所以教师的态度、行为、言语，甚至行动都会不知不觉影响学生。高职教育的学生热衷于追求自我价值的实现，怀有远大抱负和对未来美好前景的憧憬，他们希望通过自己的努力来实现这些目标。他们具有显著的社会意识，积极希望为社会作出贡献，并甘愿参与志愿服务、义务献血等公益行动。教师的教学任务不仅在于传授知识，还在于引导学生形成高尚的人格和良好的品德。通过教师在教学过程中潜移默化地引导，能够提高学生辨别是非、美丑和善恶的能力，从而为学生将所学知识转化为实际应用提供了保障。

高职教育教学文化价值取向对于高职教育的影响是难以忽略的，其深远的影响直接带来的是高职教育发展的不同，这是高职教育发展过程中不可忽略的因素。以史为鉴，以史为师。对于高职教育教学文化价值取向的研究，有助于我们在现存的发展困境中探索出高职教育发展的新路径。

第二章 高职院校教育教学管理体系

当前，我国高等教育已跨进大众化的门槛，高职教育为此发挥了极其重要的作用，没有高职教育的跨越式发展，就没有中国高等教育的大众化。高等职业教育不仅是我国高等教育结构的核心部分，同时也是我国职业教育结构的关键部分，不容忽视。高职教育不同于普通高等教育，也不同于中等职业教育，因此，高职院校的教育教学管理也不同于普通高等教育和中等职业教育，它具有自己的特点和内容。

第一节 高职院校教育教学管理内容概述

一、高职院校教育教学管理的概念

要正确理解高职院校教育教学管理的概念，首先必须正确理解高等教育管理的概念。专家学者对"高等教育管理"概念的认识并不一致，但对其核心的认识大致相同，高等教育管理主要指的是人们严格按照高等教育的目标与发展模式，对高等教育体系内外的各种关系或者资源进行有意识的调整，以最终实现高等教育系统目标。

（一）高等教育管理的任务

高等教育管理的核心职责是有计划地调整高等教育体系的关系及资源，以便快速与高等教育体系发展的固有客观规律相适应。高等教育系统是社会大系统的一个子系统，一所高等学校也是一个社会系统，学校内部根据工作职责进行分类，包括教学、政工、后勤系统；从隶属关系来划分，具体包括校部、系科以及班组三个部分。各教学和行政单位都设有各自独立的教学管理系统，并且共同组成了一个互相关联的管理体系。在这个管理系统中，各个子系统又彼此独立、各自发挥作用。鉴于系统内部存在众多的矛盾序列，高等教育的管理显得尤为重要。在高等教育的管理过程中，应该从系统论的视角出发，对高等教育的全局、各个部分、各个要素以及学校内外环境之间的互动关系进行科学、合理的有效规划，确立一个整体性的观点，并借助更加高效的管理手段来实现系统要素的全面优化。

（二）高等教育管理的目的

高等教育系统有两个层次的目的：首先，通过不同的手段和方式努力培养人才是高等教育的核心目的，因此高等教育系统的所有工作都必须围绕这个目的进行；其次，在高等教育系统当中，如何协调各种关系与资源是高等教育管理的部分目的，只有通过高效的管理手段，才可以真正确保高等教育的目的得以实现。在我国社会主义市场经济条件下，高等教育管理系统还不健全，高等学校内部也没有形成良好的运行机制。正因为如此，宏观和微观的高等教育管理，都已包含在这样的概念中：所谓的宏观高等教育的管理是基于国家的整体教育发展策略和方针、教育的基本原则与社会的发展环境、背景，借助多种手段，如行政、立法、评估等进行科学整合与有效管理控制，旨在实现高等教育的人才培养和科技发展进步的目标；在宏观高等教育管理的大背景之下，微观高等教育管理主要是根据特定的教育和教学规律来协调某一子系统内的矛盾与关系，以实现高等教育系统的部分目标。

根据以上对高等教育管理的了解，由此可知，所谓的高职院校管理主要指的是高职院校在组织和开展高等职业教育活动的过程中，严格按照高等职业教育的目的与发展规律，对高职院校内外的各种关系与资源进行灵活性的调整，以有效地实现高等职业教育培养各级各类高层次专业人才的目标。

二、高职院校教育教学管理的内容

（一）教育思想管理

作为管理者，在进行教育管理时，首要任务是集中精力于教育观念的管理，以确保教育活动和工作具有明确的方向性。教育的方向性意味着它要符合党的教育方针或者政策的指导原则和要求。简单来说就是在课堂教学中传授学生知识、塑造学生思想、提升和发展学生能力、增强学生体质等；并以其为基础和前提，对学校教职工的思想行为以及教学工作具体过程进行整体协调与"统率"，同时以这些要求为准绳，严格遵循教育工作的客观规律，有序组织和开展不同类型的活动，如实验改革、教育研究等。在高校中加强教育思想管理是一个十分重要的课题，它对于提高办学水平、保证人才培养质量有着极为重要的作用。教育思想的核心内容是协助教职工树立正确的思想导向，尤其是要全面实施党的教育政策与方针，并努力从整体上提升教学质量的思想；培养学生正确的世界观和人生观，形成良好的道德品质，养成健康向上的心理状态，从而使教师成为德才兼备的人；树立和秉持"教书育人""管理育人"以及"服务育人"的教育理念和思想；树立改革开放、理论联系实际、教育教学工作要适应高等职业教育建设和发展需要的思想。

（二）专业设置管理

专业设置关系到高职院校的培养目标、教学任务与办学效益。高等职业教育学校的专业设置管理的主要内容包括以下两个方面。

1. 建立按需培养的专业设置机制

高职院校在综合考虑和调研之后，按照自身发展的实际情况构建一种根据需求培养的专业设置机制，即所谓的"以产定销"专业配置机制。创建了一个"招生与就业"的机构，该机构把教育教学、生源市场以及就业市场结合在一起，并以对这两个市场信息的详细调查和分析作为学校专业设置的客观依据。同时，还要根据用人单位的需要来调整教学计划，使之符合市场经济规律和人才需求状况。因此，高职院校需要定期对社会和市场的需求进行调研，深入分析当前状况，并据此作出正确、科学的决策。

2. 建立专业设置评议委员会

评议委员会根据科学的程序对专业设置进行可行性评估分析。分析内容主要包括：服务范围、服务对象、服务内容的需求、本校及本校可利用的条件、专业周期、专业组合结构和成本效益等。

（三）教学管理

在学校中，教学始终是学校的常规工作和任务。在教学管理的过程中，需要在正确教育观念的科学引导下，采用合适的管理策略和方法，确保教学活动的制度化，从而达到低成本、高效益的标准操作，并达到高品质的教学目标。

1. 教学工作制度与计划

高等职业教育的教学工作几乎涉及学校的各个方面、所有的组织和每个人，要保证每个方面配合协调、工作有序，就要使教学工作走上具有科学性、规范性、可操作性和权威性的制度化管理轨道。

教学工作制度一般包括备课上课制度、实验实习制度、成绩考核制度、教学检查评比制度和教学质量分析研究制度，还包括主辅修制、学分制等等。根据教学的要求，制度也要不断调整或更新。

教学工作计划的制订，是教学工作的起始环节，其目的是使每个教职员工掌握学校教学工作的总目标和一定时期的目标、各部门的分目标，然后齐心协力去完成。计划包括任务与目标、完成任务与目标的行动方案，同时还应规定完成计划的过程和结果控制的标准。教学工作计划按时间可划分为学年计划、学期计划和周计划；按组织层次可划分为全校教学工作计划、专业教学工作计划和教学组（室）教学工作计划。

2. 教与学过程的管理

教学过程的基本环节有：备课、上课、布置和批改作业、课外辅导、实验实习指导、检查和评定学生学习成绩等，对这些环节的进度、程序规范及工作质量都应通过计划与制度给出明确要求，并对在过程中出现的偏差进行及时的纠正与控制，否则将会因个别环节的失控而影响整体。学生学习过程的各个环节也需要管理，因此，教师的任务应更侧重于对学生学习的管理。学生学习过程的主要环节为选择专业、选修课程、制订学习计划、预习上课、做作业、复习、自我考核、总结等。除教学计划内安排的教学活动外，学校还要开展供学生选择参加的多种形式的教学活动，其内容按性质分为思想政治活动、科技活动、文学艺术活动、社会公益活动、娱乐体育活动等；按学生参加活动的形式分为群众性活动、兴趣小组活动，学校应将这些活动纳入教学管理的范围。

3. 教学质量管理

教学质量管理是一种综合性的全面管理，首先要树立正确的教学质量观，同时要有科学可行的质量标准；其次是对影响质量的全部因素进行管理，即对影响教学质量的所有因素施以监督和控制；再次是对工作全过程进行管理，从教学工作过程和学生质量形成过程两个角度把握；最后是全员管理，对质量形成的全过程和全因素进行监控。

（四）教师管理

学校工作水平如何、学生学习质量如何，关键在于教师。对教师的管理需要根据人事管理工作的一般规则，并结合高等职业教育教师的工作特点，提出科学、合理、可行的管理办法。

1. 教师队伍建设

高等职业教育因专业门类多，教学环节、形式丰富多样，除了对教师个体提出较高要求外，还要求有一个合理的高素质的教师群体，因此教师队伍的建设就更为复杂艰巨，应采取多种方式做好教师队伍规划和师资培养工作。

（1）要有合理的职称结构，每一个专业都应有专业带头人，具有高级、中级、初级专业技术职务的教学骨干和辅助人员，形成一个具有不同教学能力、教学水平，能够承上启下、持续发展的教学队伍。

（2）要有合理的专业结构，基础课、专业课、实习课教师比例应与课程结构比例相匹配，通过群体结构弥补个体能力结构的不足。

（3）还应有合理的学历、经历结构，高等职业教育学校既需要有一定数量的高学历的教师，也需要有一定数量的具有"双师素质"的教师，还需要有一定数量的学历不是很高，但实践能力很强的实践指导教师。

（4）要根据师资结构规划，通过录用方式获取新生力量，优化结构。可采用的方法主要有录用新毕业人员和调用、聘用有一定专业实践经验的在职人员。要搞好在职教师的培养、培训工作，根据不同情况对教师进行不同内容（如专业理论、教育理论、实践能力）的培训，根据不同条件采取脱产进修、在岗培训、企业实践、教学研讨等多种形式进行培训。

2. 教师管理

（1）《中华人民共和国教师法》对教师的权利与义务、资格与作用、培养与培训、考核、待遇、奖惩等方面都作了明确的规定，依法进行高等职业教育师资管理是贯彻党的教育方针、落实党的知识分子政策、改革教师管理制度以及建设一支结构合理、质量优良的高等职业教育师资队伍的根本保证。

（2）学校的生存和发展是靠有效的工作成绩来支持的，因此高度重视和强调工作的成果与效率，并以对学校的实际贡献程度作为衡量、评定以及激励教师的相关标准，同时也有利于改变目前学校管理中人浮于事和"大锅饭"的弊端。通过对绩效标准的合理考评，以及对教师的奖励或惩罚，可以使教师的成就意识得到进一步增强，并且将每个人的智慧和才能最大程度地激发出来，最终促使其努力做好每项工作。

（3）在教师管理中，要坚持激励性原则，以表扬和鼓励为主，引导教师自我教育、自我管理。在管理中，应该把精神上的奖赏与物质上的奖赏结合起来，但主要还是以精神上的奖励为核心。在我国，对干部进行奖惩，主要采取奖励性制度，即物质报酬与精神奖赏相统一。例如，建立和表彰杰出的个体和事迹，颁发荣誉头衔等，均为恰当运用激励原则的典型示例。同时还要注重为教师创造一个良好的工作环境，包括有效的培养、晋升环境，无后顾之忧的生活环境和一个和谐友好的人际关系环境。

（五）学生管理

1. 招生管理

招生工作被视为学生管理的初始阶段，它是一项具有高度计划性、政策性以及时间性的复杂且细致的工作。学校应制订好招生计划；制定本校各专业招生简章，广泛对考生开展宣传工作；组织好报名考试（包括面试、加试专业科目等）；做好考生的择优录取工作。

招生计划是否符合实际是学校开发生源市场能力的综合体现，因此要认真学习国家的招生政策，对行业、社区的需求进行深入的调查，并尽量与用人单位签订培养合同，做到按需培养；同时还要考虑学校教育资源的情况，优化专业结构，提高规模效益，降低培养成本。

对考生进行咨询服务，包括宣传本校各专业情况、培养目标、就业前景、开设课程、招生范围和对考生有何特殊要求，同时也帮助考生根据自己的意向、个性特征和德智体状况选择专业。

为了使考生情况与专业需求更加匹配，学校可以增加一些面试和专业技能考核。对有些专业如农科类、艰苦行业、特殊行业，在招生工作中还需作出特殊的规定。

2. 就业管理

高等职业教育学校的服务功能，必须通过就业这一环节才能实现。学校需要加强对就业安置工作的具体管理，从某种意义上来说这既是学校自身管理工作的加强，更是解决国家、社会、学生问题的一项重要工作，不容忽视。就业安置工作主要有以下几个方面：一是按国家计划和用人单位合同，配合劳动人事部门，协助毕业生就业；二是协助毕业生进入劳动力市场，实现供需见面、双向选择、社会考核和择优录用；三是加强与用人部门的联系，获取招聘信息，帮助毕业生寻找用人单位；四是对毕业生进行就业指导，帮助他们掌握国家的劳动就业方针政策，了解供求信息，更新就业观念，提高自主择业能力。

3. 学籍管理

学籍管理是根据国家教育行政部门综合调研之后所制定的相关政策以及具体实施方法，对学生的入学资格、在校学习情况等进行科学管理，如考勤、成绩考核、升级与留级、转学、退学、休学、奖励与处分、审查学生的毕业资格和毕业手续等。所谓的学籍管理主要指的是具有强烈政策性以及教育性的工作之一，对学籍管理制度的遵循，一方面可以确保学校教学活动的正常进行，另一方面也可以很好保证与提升基础教学质量。

（六）教育质量管理

提升高等职业教育的教学品质和质量，不仅是高等职业教育管理的起点，也是其最终目标。从这个意义上讲，加强高职院校教学质量管理，就是要研究如何提高高等职业教育的办学水平，培养出更多合格人才，使其成为社会经济发展所需要的高素质应用型技术人才。在高等职业教育的管理过程中，所有的努力和工作都是为了进一步提升教育的品质和质量。实际上，质量被视为教育的核心，质量管理则是对上述管理的精炼与总结。因此，如何搞好教学质量管理成为摆在高职教育工作者面前一项十分重要而紧迫的任务，其中，教育质量管理的核心任务是确保教学质量，并对其进行有效管理。所谓教学质量管理就是把学校的各项活动作为一个整体进行研究，使其符合社会发展和人的需要所形成的系统。更明确地说，它涉及质量标准的设定、质量的检验以及质量的评估三个方面，其中质量评估又包括教学质量监控和教学质量评价两个方面。质量标准呈现出模糊和综合的性质，因此很难仅通过数值来全面描述。在一定时期内，由于客观条件的变化和人们知识水平的提高，可能会出现某些指标难以测定或难以预测的情况，需要根据实际情况作出判断。所以，在执行教育质量管理的过程中，首要任务是确立和明确质量标准，然后是进行教育质量的监控，最后是进行教育质量的评估。质量标准的设定是教育质量管理工作中最基础、最重要的环节，确立质量标准可以被视为教育质量管理的初始步骤；质量的检验主要是全面检测与有效保证教育质量标准的认真实施；质量评估实质上是对教育工作的流程以及成果进行全面的质量检查，同时它也是一个评估和衡量质量控制效果的有效手段。在教育质量管理中，三个方面既相互联系又彼此区别，这三个要素都是不可或缺的，它们都在直接推动教育品质的提升。

三、高职院校教育教学管理的基本原则

高职院校教育教学管理的本质和特点决定了高职院校的管理必须依据一定的基本原则和方法，只有在一定的原则下，方法得当，才能提高管理水平和管理质量。

（一）高职院校制定教育教学管理基本原则的指导思想

高职院校制定教育教学管理基本原则的指导思想，首先，作为科学引导人们采取行动的基本准则，原则必须与事物发展的客观规律保持一致性。如若不然，人们不遵循它，只能给事业带来不应有的损失。二是原则必须符合自己的目标。制定原则必须紧紧扣住自己所要实现的目标。抓住目标，原则的针对性才强。三是原则必须用语简明，概括准确。原则作为指导人们行动的准则，要便于人们牢固地记忆，还要便于人们科学地使用。这就要求原则的提炼必须准确。

（二）基本原则的具体内容

1. 方向性原则

方向性原则即高职院校除了需要致力于实现管理的现代化和高效化之外，还需要始终坚持教育必须为社会主义和广大人民群众服务的方针，借助各种手段为现代化建设培养大量在德、智、体、美各方面全面发展的新型优秀人才。方向性其实是高等职业学院管理中的核心原则，意味着院校必须始终长期坚持《中共中央关于教育体制改革的决定》以及《中共中央、国务院关于深化教育改革全面推进素质教育的决定》中所明确的教育方向。具体而言就是，让教育面向现代化、全球、未来，培养出更多的高技能优秀人才，以支持我国经济和社会的持续发展。因此，必须始终把加强思想政治工作作为提高办学质量、保证人才培养规格的重要环节，以确保高职院校在竞争激烈的高等教育市场上立于不败之地。与此同时，为了使高职院校管理的方向性原则得到全面的贯彻和落实，最重要的是要将共产主义世界观的培养和教育有效地融入高职院校教育教学管理的所有活动当中，将坚持正确的政治方向作为学校工作的首要任务，将学生培养成有理想、道德、文化、纪律的技术人才、管理人才以及其他社会主义劳动者。

2. 整体性原则

整体性原则意味着将高等职业教育的各种管理资源、对象以及它们与周围事物之间存在的联系，视为一个有机整体进行合理、科学地控制，使其分层次、有序运行的同时也具有一定的系统性，以使高等职业教育管理的整体效应达到最优。可以说，这是当前在高职院校管理工作中一个十分重要的问题。高等职业教育不仅是独立的体系，同时也是社会整体的一个组成部分，因此它不可避免地会受到社会其他各个方面的影响与限制。所以，它需要遵循一定的规律进行协调运作，才能获得最大效益。在高等职业教育这一完整体系中，它可以被划分为多个相对独立且相互制衡的部分或子系统，并保持在一个稳定且有序的模式中。要对高等职业教育进行科学管理，不断提高管理效果，有必要深入探讨各类管理资源、目标以及它们与周边环境的相互联系。高职教育具有一定的开放性，是我国社会主义市场经济体制下产生的新生事物，它不同于一般意义上的高等教育。因此，需要从全局的观念出发,从一个宏观的角度来整体理解事物的独有特点,并研究事物的整体协调性。除此之外,还要有一定的局部观念,从细节着眼,从小处着手,分析事物的结构、功能等方面的特性,将各种事物拆分为多个子系统或简单的要素,并对这些要素的特性以及它们之间的相互关系进行更深层次的研究,以确保高等职业教育的所有管理活动均可以按照客观规律有序、和谐地顺利运行。只有将高职院校的一切管理工作纳入系统科学之中,以及进行综合考虑,才能实现对各方面工作的有效控制,唯有如此高等职业教育的管理才可以真正反映出现代科学在其发展历程中的相互影响和融合,从而形成一个整体性的发展趋势,最终在整体上得到优化的管理效果。

3. 科学性原则

在高职院校的教育和教学活动中,科学性原则强调必须遵循实事求是的原则,从实际情况出发,自觉地遵循高等职业教育以及管理的内在客观规律,以确保所有工作都能有条不紊地进行,从而达到最优的管理效果。要以系统科学理论为指导,坚持全面、动态、综合分析的观点。为了实施科学的原则,必须确保做到以下几个方面。

首先,作为管理者,他们需要拥有扎实的科学素质与科学知识。对于管理者而言,必须明白管理本质上是科学的一种,如果缺少科学素质和相关知识,那么想要高标准地做好管理工作是非常难的。其次,建立科学的、严格的管理制度,使各系统工作紧密配合。最后,考虑建立健全教职工责任制。每项任务都有专门的负责人,明确各自的职责,旨在确保每件事都有专人负责,每个人都能在其职责范围内展现出自己的智慧和才能,从而取得更出色的表现以及更好的成绩。

4. 教育性原则

教育性原则是指高职院校教育教学管理工作不仅要通过管理完成一般的工作任务,而且要十分注意高职院校的各项工作对学生的教育作用。高职院校是培养人、教育人的场所,青年学生可塑性大、模仿能力强,学校里的各种因素无时无刻不在影响着学生。所以高职院校的全体人员和全部工作都应当始终注意贯彻教育性原则。

（1）要求全校教职工都应注意自己思想行为。校长应是教职工的楷模，是学生学习的榜样，学校的其他领导干部和教职工都应当有高尚的道德品质和崇高的精神境界，应当在各个方面都成为学生的表率。

（2）要求各项工作典范化。高职院校全体人员都应十分注意各项工作对学生的示范作用。各项工作都应严肃认真，一丝不苟；执行各种制度必须十分严格，不徇私。

（3）要求学校设施规范化。一所学校如果校舍整洁、环境优美，可以使人心旷神怡、精神愉快，对于优化教育教学环境、净化学生心灵、陶冶师生员工的思想情操、振奋精神、丰富生活情趣都有重要的意义。

5. 高效性原则

贯彻高效性原则，要求管理者坚持正确的办学方向和目标，只有高等职业教育管理目标正确，工作效率高，才能取得高效益，在坚持正确办学方向的同时，管理者的每项具体决策必须科学合理，指挥得当。

为了全面贯彻和实施高效性的管理原则，管理者需要对高等职业教育的管理资源进行合理的分配以及灵活的使用。高等职业教育作为一种特殊类型的高等教育，在智力开发以及人才培养中，一方面需要大量的有形资源，如物质资源、人力资源等，另一方面还需要动态资源，如信息资源、管理方法创新等。动态资源不仅是无形的，还具有一定潜在的属性，当将它和有形资源进行有机结合的时候，能够显著提升高等职业教育的教学效果以及办学效益。因此，高职院校要充分利用这些资源来提高教学质量，促进学生全面发展。

四、高职院校教育教学管理的基本方法

高职院校教育教学管理有着自己独特的管理过程。根据高职院校教育教学管理特点，其管理也必须采取不同于其他管理活动的方法。

（一）调查研究法

对于高等职业教育的管理者来说，调查研究法是他们需要掌握的一项基础技能，也是他们必须掌握的管理技巧。要想使管理效率得到快速提升，管理者不仅需要对管理对象有深入的认识，还需要全面了解其当前状态、历史背景以及各类

人员的基础素质、能力等。这些都需要通过一定的手段进行搜集、整理与分析，并且要想真正掌握这些信息，高职院校的管理者需要深入调查研究，并对相关的研究手段进行熟练掌握。调查研究作为一种科学的思维方式、认识手段，在管理中起着越来越重要的作用。事实上，调查研究是确保管理工作顺利进行的关键和重要基础，在学校工作中，调查研究是一种最基本的职能，也是一项非常重要的工作内容。在高等职业教育的管理目标制定、计划策划等方面，均必须基于调查研究，以此为基础展开全方位信息调查和研究。调查研究是提高管理水平的有效途径，只有通过深度的调查研究，才可以准确了解实际情况、确保信息的流畅性，并对未来做出科学的预测，从而使管理工作更像是有根之树、有源之水。在高职院校教育教学管理过程中常用的调查研究方法有以下几种。

（1）直接观察法。直接观察法是调查人员深入现场，亲自观察、测量、计数以取得资料的方法。这样取得的资料，具有较高的真实性和准确性。

（2）报告法。利用现行的统计报表获取需要的数据资料，同时也可利用被调查单位的原始记录等资料。

（3）个别访问法。个别访问法是调查人员向被调查者逐一询问、记述以取得资料的方法。它的优点是由于调查人员对调查项目有统一理解，能按统一的口径询问来取得资料。

（4）开会调查法。为了研究某种问题，由调查人员有计划地邀请一些熟悉调查问题的人进行座谈讨论，以搜集所需要的资料。由于这种方法可以展开讨论，因而有可能把问题了解得更深一些，同时还可能找到解决问题的办法。

（5）填表调查法。这种调查方法是调查人员将调查表送交被调查人，说明填表的要求和方法，由被调查者根据实际情况，按照表中栏目自行填写，然后由调查人员统一审核处理。这种方法可以节省人力和时间。但是，这种方法要求被调查者具有较高的文化素养和积极配合的态度，否则难以保证调查资料的准确性。

（6）通信调查法。这种方法也是一种填表调查，其不同之处是这种方法的调查对象可能分散在各个地方，调查者和被调查者采取通信方式进行联系。这种调查方式不受地区的限制，能更为广泛地收集资料。

（二）行政管理法

所谓的行政管理法指的是高等职业教育工作者利用其自身的权利以及高等职业学院的相关行政部门，采用行政手段、行政方式，并依赖管理层的权威来进行的一系列管理活动。行政手段包括但不限于决议、决定、命令等，通过多种方式来进行有效的控制；行政方式指的是利用法律所规定的行政强制手段，对被管理对象的行为进行直接的约束和控制。行政管理是国家对社会组织实施的一种有目的有计划的活动，行政管理法在高等职业教育的管理过程中对确保管理目标的顺利实现是十分重要的，不可缺少，它具有明确的目的指向和严格的组织实施原则，对促进高职院校教育事业发展起到了积极作用。然而，如果在管理的过程当中没有对行政管理法进行恰当的运用，那么极可能会违反客观规律，甚至违背广大人民群众的相关利益，对高等职业学院的工作产生一系列的负面影响。因此，必须正确地掌握并灵活运用行政管理法，在应用行政管理方法时，需要关注以下几个关键问题。

（1）妥善运用行政管理的方法。权威性与强制性是行政管理法中最为显著的两个特点，并且此种具有权威性以及强制性的行政管理法，应当基于客观的规律，并从实际的管理需求出发，将公众的需求与期望真实反映出来。所以，它同那些违反客观规律以及民众期望的强制性命令、专断是有所区别的。在管理工作中，不能把强制性命令与强迫命令相混同，错把强迫命令当成强制性命令来执行，除此之外，个人的专断行为不应被视为权威来实施。行政管理法在高等职业教育管理过程中的应用范围不应被随意扩大，同时更不能滥用行政管理法。一定要严格按照各种不同的环境和条件，在适当以及可行的范围内对行政管理法进行灵活运用，并且持续性优化与完善行政管理法，确保其与客观规律相符合，进一步满足广大人民群众的不同期望与需求。

（2）行政管理方法需要与其他的管理策略相结合。在高等职业教育的管理过程中，实施其他管理策略的时候通常依赖行政手段。行政管理法与其他管理方法不同，行政管理法有自己的特色和优势，但同时又不可避免地存在一些局限和缺点。所以，在实施行政管理法的过程中需要和其他的管理方法有机结合，以弥补行政管理法存在的不足之处。行政管理法其最核心的特点是由其强制性和权威性共同构成的集中一致性，这种高度的集中可能会因为管理层面的多样性和垂直指挥等因素，导致各个部门和单位之间的沟通变得困难，从而产生下级领导职责明确，但权力不足和缺乏责任感等情况。现代管理模式强调权力下放，确保信息的快速和准确传达，确保沟通流畅，从而让子系统更好地展现其活跃性和创新能力。可见，为了有效克服行政管理法存在的不足，有必要将其与其他管理方法结合起来综合运用。

（三）思想教育法

思想教育法旨在通过目标明确的思想政治教育手段，使高等职业学院的师生和员工的意识得到整体的提升，从而进一步将他们的工作热情和主动性激发出来。作为高等职业教育管理的核心策略与方法，思想教育法对其他高等职业教育管理方法的执行同样产生了积极的推动作用。因此，加强和改进高职院校思想教育工作，具有十分重要的现实意义。高等职业学院的思想政治教育应当致力于支持教育体制改革，并培育出能够胜任社会主义建设任务的新一代接班人，同时这也是教育领域的核心任务。高等职业学院的思想政治工作，一方面需要与各种工作紧密融合，另一方面为了确保思想政治教育与教学活动紧密相连，并在教学管理过程中融入思想政治教育，同时思想政治教育应与后勤服务紧密结合，通过高品质的管理与服务来正确引导和教育学生，利用全体教职工的正面形象以及高尚的道德标准来影响和教育学生，确保思想政治教育在所有环节和管理流程中都得到充分体现。在我国高等教育中，思想政治工作与其他一切工作一样，都有自己特殊的地位和作用。学校的思想政治教育旨在使所有人的社会主义意识和觉悟得到全面提升，确保教师、学生和职工分别为社会主义而教、学和工作。

（四）学术研究法

学术研究法是指在高等职业教育管理中通过运用科学研究，开展学术活动来管理的方法。运用学术研究法应做到以下几点。

（1）高职院校的管理者重视学术活动，带头进行科学研究，在师生中起示范作用。

（2）在教师和技术人员中广泛宣传，讲明开展科学研究的重要性和必要性，引导大家明确其目的和意义，积极自觉地参加科学研究。

（3）组织科研骨干队伍，老教师对年轻教师进行传、帮、带，骨干教师要带领一般教师和技术人员，建设一支老、中、青结合的科研队伍，提高科研水平，以增加经济效益和社会效益。

（4）有计划地定期组织各类学术活动，开展科研成果交流活动，对科研工作成绩突出者和优秀者给予物质和精神奖励，提高大家开展科研活动的积极性。

（五）教育激励法

教育激励法实质上是将教育手段与激励策略以一种巧妙的方式有机融合，它是一种能够激发高职院校所有员工为达到管理目标而努力工作的关键途径。它不仅具有一般激励法的特征，还体现了现代管理科学中"以人为本"的思想与精神。在实施教育激励法时，应该做到以下几个方面。

（1）要有求实精神。社会存在决定社会意识。运用教育激励法，教育是前提，不进行教育，不解决思想认识问题，激励就会失去方向，不能起到应有作用。运用教育激励法，研究了解人们的需要和现实生活中的矛盾，如果不把解决实际困难和矛盾放在重要位置，教育就成了空洞的说教，达不到预期效果。

（2）我们需要妥善处理"质"与"量"的相关问题。教育激励法融合了心理学、社会学和行为学等众多理论，为了对此种方法进行充分的灵活利用，需要特别关注其"质"与"量"的两个维度。如果用不正确的标准去衡量事物，就会使受教育者产生错觉而不能达到目的，甚至适得其反。此处所指的"质"，意味着在采用此方法的时候必须遵循准确和公正的原则。对于不同性质的事物，采取不同的方法就会产生效果，这就是通常所说的"对症下药"的道理。为了确保教育的准确性和公正性，必须对问题有深入的了解，准确把握其性质，并采用"对症"的方法来说服人们。所指的"量"是指需要恰当的刺激量，过大或过小的刺激量均不利于激发以及维持工作的积极性。

（3）需要重视其艺术性。艺术性通常体现在教育激励的时间管理以及形式的转变上。在时间管理方面，除了不可以急功近利地解决思想问题之外，也不可以拖沓，导致教育活动的时间过长。更重要的是，还需要密切地将教育与激励结合在一起，以避免两者之间脱节。在形式的转变上，需要注重形式的多样性，并在使用交叉变换时，确保有形与无形的任务能够相互融合。

第二节　高职院校的管理组织机构与管理体制

建立主动适应社会主义市场经济和社会进步需要的有效机制及科学组织结构，并确立合理的管理职能，对充分发挥高职院校各方面的积极性，提高工作效率至关重要。

高职院校成立的教育教学管理组织机构是为了实现特定的目标，在各个部门分工合作的基础上，依据不同层次的权利和责任制度，合理地协调活动的社会群体。其功能就是沟通信息，协调各部门、各层次的关系，协调全体成员的活动，实现组织的整体目标。

一、高职院校管理组织机构的设置

当前高职院校的组织机构设置多采用"直线—职能型"，如图2-2-1、2-2-2所示，这是一个由直线指挥系统和职能主管部门共同组成的学校组织机构。这种组织机构的优点是上下级领导关系清楚，各部门职能明确，任务分工清晰，有利于有效地行使指挥权。

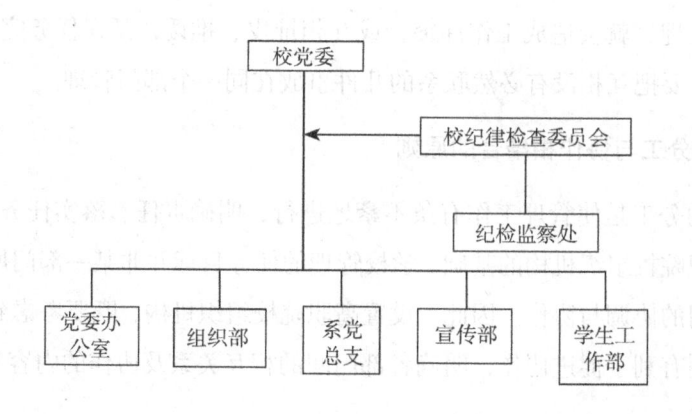

图2-2-1　校党委系统组织机构[①]

---

① 杨为群，董新伟编著.高等职业教育学校管理[M].沈阳：东北财经大学出版社，2004.

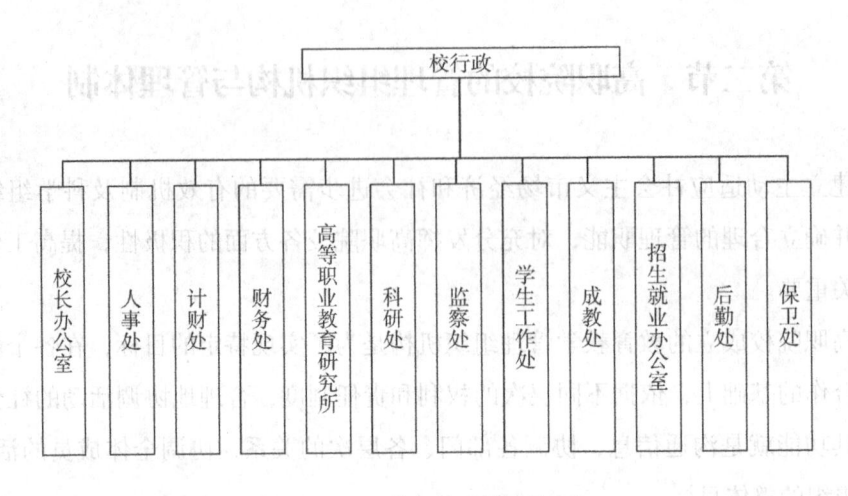

图 2-2-2　校行政系统组织机构

二、高职院校管理组织机构的设置原则

（一）任务与职能相适应的原则

相关职能部门为了有效地完成高职院校的工作任务。因此，设置某一组织机构，必须尽可能地将同类工作任务归结到统一管理部门中去，使设置的每一个职能部门都具有明确的职能和管理权。否则，同一事件，这个部门有权管，那个部门也有权处理，就会造成工作冲突，或互相扯皮、推诿、延误任务完成。同时也应注意，不要把互相没有必然联系的几件事放在同一个部门管理。

（二）分工与协作相结合的原则

科学的分工是使管理工作有条不紊地进行，明确责任、落实任务、强化职能是设置高职院校组织机构的基础。学校管理的任务目标并非某一部门所能完成的，需要各部门的协调与协作。因此，设置高职院校组织机构，既要考虑到合理分工，又要考虑到有利于促进协作，明确各部门间的相互关系及协作的内容和范围。

（三）层级与效率相协调的原则

设置高职院校组织机构的层级应以提高工作效率为原则。层级过多，看似系统性强、管理严密，但工作运行周期长、周转多、效率低；层级过少，则管理幅度增大，工作过程中会出现顾此失彼现象，也会影响工作效率。

（四）精干与高效相统一的原则

设置组织机构，应注意充分发挥每一个部门的效能，力求精干，避免出现机构臃肿、人浮于事等现象。但"精干"并不等于"越少越好"，如果少到该管的工作无人管的程度就不成为"精干"了，必须把力求精干与高效率、高质量完成任务统一起来，做到机构精干，工作高效。

三、高职院校的管理体制

高职院校内部领导体制是高等教育最根本的制度，它统揽高职院校办学的全局，决定高职院校的一切活动。它是一项重要的政治制度，与基本国情有着十分密切的关系。

（一）党委领导下的校长负责制的内涵

中华人民共和国成立以来，随着我国政治与经济形势的变化，高职院校内部领导体制几经变化，先后实施过多种不同的体制。

1. 党委的主要职责

（1）党委职责

学院党委是党在学校的基层组织。学校的所有工作都受到统一的领导，对于关键的问题以及重要议题进行正确决策，并确保校长能够依法独立地履行其职权。致力于学习、宣扬并执行党的各项路线、方针以及政策，始终坚守社会主义的办学理念与方向，并依赖全体教师、学生和员工来推动学校的持续改革与进步，旨在培养具备理想、道德、文化和纪律的社会主义接班人与建设者。遵循从严治党的原则，我们需要加强学校党组织在思想、组织和作风上的建设，并确保党的总支部在政治上起到核心作用，党支部在战斗中起到堡垒作用，同时党员也要展现出先锋模范的角色。听取和审议校长提出的学校建设发展方案、重大改革措施、学校基本建设规划、教师队伍建设规划、学校年度工作计划和工作总结、年度经费预算等。

维护和支持校长对教学、科研、行政管理的统一指挥，及时反馈群众改进学校工作的正确意见及合理建议。建立健全党委统一领导、党政工团齐抓共管的思想政治工作格局。对学校思想政治工作、德育工作和精神文明建设制定规划和计划以及必要的工作制度。支持校长建立以行政为主的德育管理体制。

坚持党管干部的原则，对学校党政干部实行统一管理。根据干部管理的权限，负责干部的选拔、任命、教育、培训、评估以及监督工作。负责领导学校的工会、共青团等各种群众组织以及教职工代表大会。确保统一战线的工作能够妥善完成。为民主党派的学校基层组织提供正确的政治指导，并鼓励他们根据自己的章程进行各种活动，充分发挥他们在学校改革和发展中的积极作用。认真落实党和国家关于离退休干部工作的方针和政策，做好离退休干部工作。加强党风廉政建设，落实党风廉政建设责任制，建立党委统一领导、党政齐抓共管、纪委组织协调、部门各负其责、依靠群众支持和参与的党风廉政建设工作体制。关心群众生活，密切党群关系。

（2）党委书记岗位职责

党委书记是党委一班人的"班长"和学校主要领导人，主持党委全面工作和党委会会议。

团结、带领党委成员和领导班子，全面贯彻党的基本路线、基本纲领和教育方针，坚持社会主义办学方向。

坚持集体决定学校重大问题的制度，坚持少数服从多数的原则，要充分发挥党委集体的作用和智慧。

切实抓好党的建设，经常深入基层，调查研究，总结经验，指导基层党组织围绕学校中心工作开展活动。

坚持民主集中制，抓好领导班子建设。支持校长依法独立地行使职权，协调党政关系和领导班子内部关系。

组织开展和督促检查学校思想政治工作，建立健全党委统一领导、党政工团齐抓共管的思想政治工作格局；指导工会、共青团开展工作；做好统战和老干部工作。

坚持任人唯贤，做好学校中层干部的选配、任免、教育和管理工作，选拔和培养年轻后备干部，积极推进人事干部制度改革。

组织安排领导干部的政治理论学习，加强党风廉政建设，落实党风责任制。

抓好领导干部的廉洁自律工作，坚决查处违法违纪案件，纠正部门和行业的不正之风。

2. 校长的主要职责

（1）校长是学校行政主要领导人和法人代表，对外代表学校，对内领导、组织、指挥学校教学、科研和行政管理工作，主持校长办公会议或者校务会议（行政例会）。

（2）全心全意依靠广大教职员工办好学校，全面贯彻党的基本路线、基本纲领和教育方针，保证教学、科研、行政管理等各项任务的完成。

（3）主持学校行政全面工作。拟定学校发展规划，制定具体规章制度和年度工作计划并组织实施。

（4）领导和管理学校教学活动、科学研究工作，合理地组织安排教学科研人员，保证教学计划、教学大纲和科研计划的完成。经常深入教学、科研工作一线调查研究，提出改进意见，指导和推进学校的教育教学改革。

（5）组织管理和督促检查学校德育工作，搞好校园文化建设，培养良好的校风、教风和学风，净化校园育人环境；引导教职工做好工作；定期向教代会报告工作。

（6）坚持以财政拨款为主，多渠道筹措办学经费，制订并实施每年的经费预算计划和方案，确保财产的安全与管理，并保护学校的合法权益；改善办学条件和师生员工生活条件；领导和组织学校的审计工作，保证学校经济和财务秩序正常运行。

（7）加强教师队伍建设，培养和引进优秀人才，提高教师队伍整体素质；负责聘请和解雇教师以及其他内部员工，并对学生的学籍进行科学管理，同时执行相应的奖励或处罚措施。

（8）负责健全学校行政管理系统。起草内部组织结构的构建计划，推荐合适的副校长候选人，并对内部组织机构的行政负责人进行任命或解职。

（9）履行《教育法》《高教法》规定的其他职责。

3. 准确把握校长负责制的内涵

（1）党委作为学校的核心领导机构，负责整体规划、协调各方面的工作，并统筹管理学校的各项事务，其主要的领导职责包括明确方向、关注重大事件、提出有效的思路以及有效地管理干部。

（2）作为学校的法定代表，校长在学校党委的合理指导下，展现出积极主动的态度，独立承担责任，并依法履行其职责。

（3）党委应遵循"不抢事，不推事，做实事，抓大事"的原则，充分尊重并支持校长行使职权，使领导班子中的每一个人都有其明晰的职责范围和充分的行政决定权力，不可包揽具体事务。

（4）作为校长，也应当充分尊重党委在学校行政的关键问题和重大议题上的决策权，学校发展的规划问题、财务问题、机构设置等重大问题和重要事项，行政领导团队应当负责提供建议、意见、计划以及方案，并将其提交给党委会进行集体讨论和决策。党委会应在充分酝酿、充分准备的基础上召开会议，并且经过党委会的讨论和决策，行政领导团队承担组织和执行的职责。遇到事关学校稳定和发展大局的问题或棘手的难题时，党政班子成员要同心同德相互支持，主动为其他同志分担工作压力。

（5）学校的党委承担着对学校工作的领导和决策职责，校长则参与党委的集体领导以及决策过程。学校工作的核心内容在于决策、决策的实施、实施过程的监控与信息反馈。如果决策科学、运行高效、监督有力，学校就能处在健康持续的发展状态中。

（二）党委领导下的校长负责制的完善

从我国高职院校内部管理体制沿革看，我国高职院校全面实施党委领导下的校长负责制的历史还很短暂，其经验还未来得及认真、全面总结，存在的不足和问题也未及时调整和理顺。这种领导体制的构架是清晰的，而且得到立法肯定，但配套的具体制度还不够健全。随着高等教育法的深入贯彻实施，高职院校自主办学权不断扩大，高职院校的职能和办学模式不断发生变化，与外界的关系更为开放、直接，其内部领导者、管理者与被管理者之间的法律关系不断深化，依法理顺领导、负责、管理、服务之间的具体关系，建立健全各项制度势在必行。

1. 实行和健全学校领导班子的工作制度

实施并完善学校领导团队的工作机制与制度，也就是结合集体领导与个人分工负责的方式，这是一种以校长为首的行政首长负责制，是党的群众路线在教育管理工作中的具体运用。学校面临的关键问题与重大议题是由全体成员共同讨论和决策的，学校的日常管理、重要工作理念的提出以及重大问题的处理则是由每个成员各自负责和分工的，这既是一种组织管理制度，又是一种有效的民主管理决策方式。坚守民主集中制的原则，重视集体的领导作用，并充分利用集体的经验与智慧，然而这并不代表削弱每个人的角色感或减少他们的责任。学校的各级领导层是一个有机整体，要使这个系统中各层次人员都能充分发挥各自的积极性与创造性。在集体领导的指导下，领导团队的成员必须根据各自的职责分工，积极、负责他们的工作。校长要全面负责本部门或单位的具体工作，做到有备无患、防患于未然。对于需要提交给党委会讨论和决策的议题，应由各自负责的领导团队进行深入的调查和研究，并据此提出相应的工作方向、计划和实施方案，对涉及全局或重要问题，要认真听取有关方面意见，作出决策。在党委集体讨论并作出决定之后，由分工负责的高级领导负责组织和执行。校长负责制是一种民主集中制，党政分开是实行这一制度的前提条件。学校的各种日常事务，都是由各自分工的领导以积极、主动和独立的方式来处理的。

2. 建立和健全民主科学决策机制

构建并完善一个结合领导、专家和广大人民群众的民主、科学的决策流程和机制。在党委的领导下，我们必须坚持并进一步完善校长负责制，除了需要党政领导团队进行民主集中、分工合作之外，还必须充分借助学校的各级党组织、教师、学生以及工作人员，共同确保学校事务的顺利进行。加强对领导班子成员的思想教育，增强干部参政议政意识，在高校实行党政领导体制后，应进一步明确领导班子的职责权限，切实提高领导班子整体水平。在处理重大问题和关键议题的决策过程中，需要积极建立一个深度了解民意、全面反映民意并广泛汇聚民智的决策机制；为了提高重大议题与关键决策的透明性，我们还需要充分利用专家团队在教育设施、团队建设等关键领域的"智囊团"能力和作用，促使他们积极参与学校管理，并确保他们参与决策的途径是畅通无阻的；必须建立健全教职工代表大会制度、校务公开制度和民主管理制度，让全体教师都能真正享有知情权和决策权，使其能够按照自己意愿来决定工作任务和奋斗目标。

3. 健全和规范会议议事制度

会议制度的合理性和规范性一方面会影响议事决策的时间和效率，另一方面还会直接或者间接地影响到领导团队的团结和党委领导下的校长负责制的实施。这对于加强党的建设，保证党对高等教育事业的全面领导，具有十分重要的意义。在制定原则的过程中，学校应明确其职能、参与范围等各个方面，以确保为学校创造一个健康和有序的会议格局。

4. 建立和完善重大问题决策制度

对于实行党委领导下的校长负责制而言，对重大问题与事项的决策就某种程度上来说是非常敏感的核心问题之一。因此，我们应该进一步明确规定重大问题与事项的相关具体内容，同时规范其决策过程。

5. 健全监督检查及责任追究制度

应加大对党政领导团队成员在执行各种制度、工作职责等方面的监督力度，同时将这些作为评估学校领导团队和干部绩效、奖励与处罚、选拔和任命的关键参考因素。

6. 健全民主生活会制度

民主生活会制度在学校领导团队实施民主集中制方面起到了至关重要的作用和意义。民主生活会和在党委领导下的校长负责制，需要在实际操作中进一步优化和完善这一制度。

第三节　高职院校的教学管理

高职院校的教学管理工作是学校管理工作中最重要的一部分，其他的管理都是为搞好教学管理服务的，教学管理是对教学过程的全面管理，也是对教与学的双边活动的管理。在这一活动中，学校要投入一定的人力、财力、物力、时间和信息。教学过程就是这些要素的有机结合和运动，教学管理就是合理组织已投入教学过程中的这些要素，使它们得到合理配置并发挥最大效益。因此，教学管理本身不是目的，而是通过对教学工作的管理，从根本上为教学工作创造良好的条件，保证教学工作有序进行，稳定教学秩序，提高教学质量。只有这样，才能促使高职教育健康发展。

一、高职院校教学管理的基本任务

高职院校教学管理的总任务，是根据党的教育方针、办学原则和有关政策，按照培养目标的要求，充分利用高职院校的人力、物力、财力以及环境等条件，进行计划、组织实施、监督检查、指挥协调、控制质量，来培养高质量的合格人才，这是教学管理活动的出发点，也是一切教学管理活动要达到的预期目的。高职院校教学管理一切工作必须围绕它来进行，并为完成这个总任务服务。教学管理的总任务具有全局性和整体性。但是，要完成这个总任务，还必须确定教学管理的具体任务，通过完成这些具体任务，来完成教学管理的总任务。教学管理的具体任务有以下几项。

（1）按照高职教育的办学定位和人才培养目标定位，不断深化教学改革，要及时学习和了解当今世界新技术发展趋势和国家建设的新形势，掌握社会对高职院校培养人才的需求特点，从高职院校的实际情况出发，吸取国内外职业教育的先进经验，认真研究人才培养模式、专业设置、课程体系、教学大纲、教学计划、教学方法等诸方面的现状、存在的问题，及时改进调整方案，解放思想、勇于创新，大力加强和深化教学改革。

（2）从教学过程的实际出发，组织教学管理人员学习教育理论和管理科学，分析教学过程中的各个环节和指导思想是否符合教学规律和教育目标的要求，对出现的问题，进行正确的引导和必要的纠正。

（3）根据教学规律、教学大纲、教学计划和上级要求及高职院校的实际情况，建立健全教学工作的各项规章制度，制订各项教学工作的具体计划，并认真贯彻落实，从而稳定教学秩序，优化教学环境，保证教学任务的完成和教学效果的提高。

（4）充分调动教、学双方的积极性，发挥教师的主导作用，增强学生的学习自觉性和主动性。

（5）加强校内实习实训基地的建设和管理，充分利用现有的实践教学条件，使其在实践教学中发挥更大的作用。

（6）通过各种途径和方法，定期了解毕业学生和使用单位对高职院校培养人才的意见和建议，并认真分析研究，吸取正确意见，作为改进教学管理、调整培养计划、提高教学质量的客观依据。

二、高职院校教学管理组织

（一）高职院校教学管理组织的构成

1. 教学管理组织概念

教学管理组织是高职院校管理的重要组成部分，其核心就是要建立能使各部门进行有效配合的教学管理机构，同时确保教学决策计划和指令能够及时传达、实施并得到有效的执行，这也是提高工作效率、确保信息及时获取、持续调整与及时控制的基础条件，其目的在于促进和保证学校各项工作任务的顺利完成。教学管理属于系统性的管理，因此非常有必要构建和完善以校长为核心的学校和系两个层级的教学管理组织结构，并通过不同方式努力加强教学管理的纵向和横向系统之间的协同和一致性，从而让学校的教学决策、指令能得到迅速贯彻执行，以保证教学正常运转，达到最佳指挥效果。

2. 教学管理组织系统

（1）健全教学工作的领导体制

学校的党政首脑被视为教学质量的首要负责人，校长则全权负责学校的所有教学活动和工作，同时负责教学的副校长则协助校长管理教学的日常事务。在现代社会中，一个单位要搞好教育改革与发展，首先要有科学正确的领导管理体制。在学校党委的明智领导之下，校长办公会议或者校务会议负责讨论并确定学校在教学和管理方面的核心理念、远景规划、主要的改革措施等，这对落实好各项教学管理措施，促进教学质量全面提高具有十分重要的意义。除此之外，需要确立和完善教学工作的会议制度，并确保各级领导能够定期参与听课、学习、调研等活动，从而提升教学决策与管理的质量。

（2）建立教学工作委员会

教学工作委员会是由具有丰富教学经验、直接参与教学活动的教师，以及对教学工作有深入了解的教学管理人员共同组成的,他们在校长的科学、合理指导下,对学校教学管理中的关键问题进行研究和决策。

(3)建立教学工作督导组织

为了更好地监督、管理和指导教学工作,专门聘请一群对教育充满热情、拥有前沿教育观念、丰富的教学经验且工作态度认真的资深教师、教育领域的专家以及具有专业管理背景的管理人员,由他们共同组成教学工作督导组,与系(部)与教务处紧密合作。

(4)成立校企合作委员会

由学校领导和企业界领导、技术人员、管理人员和一线工作人员组成,把校企合作真正落实,学校和企业共同完成人才培养任务。

(5)健全校、系两级教学管理组织机构

高职院校教学管理组织机构一般包括校、系两级。

校级别的教学管理机构通常由教务处、学生处等功能性职能部门组成,需要充分利用教务处、学生处等相关部门在教学管理体系中的功能,进一步明确各个部门的职责和各种人员的工作角色,并确保工作关系的和谐,作为学校教学管理的核心部门,教务处工作状况实际上也代表和反映学校整体教学活动的状况。目前,高职教育正处在改革发展的关键时期,如何充分发挥各业务部门的积极性,调动他们参与教改与建设的主动性和创造性,促进各项教学任务完成,成为摆在各级领导面前亟待解决的重要问题。高等职业学院应当完善教务处的组织架构,专门组建一支管理能力强的干部团队,明确其在教学改革以及建设过程中的相关职责,从而确保教学活动的稳定进行,同时使管理质量与工作效果得到持续提升。

在系级的教学管理组织结构里,系的主任全权负责系内的教学管理以及研究任务等,其中负责教学的系副主任则对日常的工作流程进行"主持"。为了保证教学质量,提高办学效益,必须建立科学有效的教学管理制度,作为负责系教学管理的研究和咨询机构,系教学工作委员会需要定期进行研究,并及时向系务会议提出相关的建议,然后系务会议将讨论并解决本系教学和管理工作的问题。除此之外,系还能够设置教学秘书,并且在教学系主任的合理指导下,负责对日常的教学行政事务进行恰当处理,同时调查和了解教学状态和质量信息。

（6）重视教学基层组织建设

教研室作为一个根据专业或者课程专门设置的教学研究机构，是教学的基层组织，它的主要职责是努力完成教学计划中规定的课程和其他环节的教学任务，并且进行专门的教学研究与改革，使教学质量与学术水平得到持续性的提升。

（7）加强教学管理组织队伍建设

为满足各种岗位的特定需求，需要组建一支结合专职与兼职、素质上乘且相对稳定的教学管理组织队伍。通过有组织地岗位培训和在职进修，确保他们深入理解教育管理科学的核心理念与专业知识，从而大幅度提升他们在管理方面的能力与专业水平。以此来保证教学质量，提高办学效益。

（二）高职院校教学管理组织的职能

高等职业学院的主要任务是教学，学校的教学活动需要建立一个统一的目标体系，严格按照学校的整体发展与建设目标来进行，制订具有科学性与合理性的教学改革与发展计划，并明确各级学校的教学管理目标。各级教学管理组织要发挥各自的职能，协调一致，做好教学工作。

1. 教学工作委员会的主要职能

高职院校要成立由相关人员组成的教学工作委员会，主要是负责研究和调整适应社会需要的专业，对学校教学工作的重大问题作出决策，制定教学政策，对整个教学过程作出评价。

2. 校企合作委员会的主要职能

高职院校要加强与企业之间的相互联系、渗透，为了满足企业发展的不同需求，我们需要确定科研难题和经济研究的方向，并将这些研究成果成功转化为实际的工艺技巧、实物产品和经营策略，从而提升整体的经济效益。公司也积极地向教育机构进行投资，开发校外实践教学基地，建立利益共享关系，真正实现"教学—科研—开发"三位一体，使之双赢。

3. 教务处的职能

（1）对学校的教学和教学改革、教学管理工作提出意见和建议，供校领导决策时参考。

（2）严格执行和遵守学校所制定的所有教学规章和制度，并对各个系的教学规章制度的实施和执行情况及时进行督导和检查。

（3）确保教学文件和教学档案得到妥善的收集、组织以及做好学籍管理工作。

4. 系（部）的职能

教学系作为一个基层的教学管理部门，主要负责组织、管理以及领导本系的教学活动，为本系制订详细的教学工作方案，并促使全体师生和员工执行，同时在执行中持续地总结经验，以提升教学和学术的品质。除此之外，为学校的教学活动提供宝贵的意见与建议，供校领导决策时参考。

5. 教研室的职能

组织教研室教师认真完成学校和系制定的各项教学任务，总结教学经验，开展教学研究，落实教学计划。

6. 教学督导组的职能

进行高等职业教育教学改革研究，对学校教学工作运行状况与教学评估提供指导咨询，对学校教学质量进行监督检查。

三、高职院校教学计划管理

（一）高职院校制订教学计划的基本原则

1. 主动适应经济社会发展需要

需要广泛地开展社会人才市场的需求调研，重视对经济建设和社会发展中出现的新状况和新特征的分析和研究，尤其是要密切关注社会主义市场经济以及专业技术领域的发展方向，以确保教学计划具有与时俱进的特色。

2. 坚持德、智、体、美等方面全面发展

必须全方位地执行党的教育政策与方针，妥善平衡知识传授、能力培养以及素质提升这三个方面的关系。同时，也需要重视学生的道德教育，全方位地提升学生的综合素质，以进一步全面优化教学活动，从而确保培养目标得以成功实现。

3. 突出应用性、针对性和超前性

在制订专业教学计划的时候，应以提升技术应用能力为核心目标。实践环节教学应贯穿于整个课程体系中，并与理论课形成有机整体。在进行基础理论的教学时，应以实际应用为核心目标，确保教学内容"必要且足够"，并着重于清晰地解释概念和加强实际应用；在理论与实践相结合上下功夫，突出实践性和应用性。在专业课程的教学中，需要增强其针对性和实用性，同时重视对新知识、新技术和新工艺的进一步学习，确保学生能够满足现代发展的需求，并具备持续发展的能力。

4. 培养实践能力

在教学的过程中，需要确保理论知识与实际操作紧密结合，并始终注重能力的培养；需要加大实践教学的力度，延长实验、实习和实训的时长以及丰富其内容，减少理论课程中的演示和验证实验，实训课程应独立设置，以帮助学生掌握专业领域实际工作的基本技能与能力。

5. 贯彻产学结合思想

产学结合，即将产业与学术相结合是培育高级技术应用型专业人才的核心路径，因此学校应当积极促使各企事业单位主动参与，以便共同规划和执行教学方案。在计划制订过程中应充分尊重企业对人才培养质量的要求，同时也必须考虑到学生就业后的工作能力、适应能力以及自身发展需要。在制订教学计划时，各个教学环节不仅需要遵循教学的基本规律，还需要根据企业和事业单位的具体情况进行适当的安排。

6. 从实际出发，努力办出特色

学校在遵守前述原则的前提下应当致力于寻找更加多元化的人才培养策略与模式，并积极实施"双证"制度，以塑造高职教育的特色。

（二）高职院校教学计划的构成与时间安排

教学计划主要涵盖了以下几个方面：具体的专业培养目标；关于人才的培训标准以及知识、技能和素质的构成；课程体系建设与改革；修业年限；等等。

高等职业教育专业的学制通常是两到三年，对于非全日制的修业年限而言，应当适当地进行延长。在学制方面，应根据不同类型专业确定相应的时间安排和课程结构。对于三年制的专业，其课内的总学时通常在1600~1800学时之间，实践教学的总学时不应少于教学活动总学时的40%；对于两年制的专业，其课内的总学时通常在 1100~1200 学时之间，实践教学的总学时不应少于教学活动总学时的 30%。

（三）高职院校制订教学计划的一般程序

第一，深入学习并理解上级相关文件的核心内容。

第二，积极地进行关于社会人才市场的需求调研。

第三，明确并验证专业培训的目标与基础规格。

第四，构建学生的知识体系、技能以及综合素质框架。

第五，教务处负责提出关于本校教学计划制订的建议与要求，这些建议要求将由系（部）来拟定教学计划方案。在经过校（院）教学工作（学术）委员会的审核和主管校（院）长的审核签字后，正式下发并开始执行。

第六，一旦确定了教学计划，就必须严格地组织和执行。在制订教学计划时，不仅要确保其稳定性，还需根据社会经济的新发展趋势，适时地做出调整和修正。对于教学计划的修改或者制订具体的执行教学计划，相关部门或关系单位应在学期开始前的两个月内提交，经过教务处的一系列审核，得到主管校（院）长的批准后方可实施。

（四）高职院校教学计划的实施

在学校的教学管理体系中，教学计划的执行被视为一项至关重要的任务，它不仅是完成教学目标和任务的基础，也是维护教学秩序和确保人才培养质量的必要条件。教务处需要在学校的教学管理中充分发挥其核心职能，确保这项任务得到有效执行。教务处负责编制每个学期的教学进度计划，并且针对各个教学环节提出全面的协调建议和意见；对教室和其他教学资源进行合理分配；确立考核的具体方法；等等。各系（部）需依据教务处的整体规划，拟定学期的教学方案与计划，并在教务处审核之后，及时提交给负责教学的副校（院）长进行审批并实施。院系要认真研究并积极落实教学计划，做好检查工作，在制订教学计划时，所确定的课程、教学环节等方面都不能随意更改，如果在执行过程中需要进行调整，必须严格遵循审批程序来执行。

（五）高职院校教学大纲的制定

教学大纲是一份基于教学计划所制定的特定课程（包括实践课）的教学内容

和要求的框架性和纲要性文件，它是组织教学活动、评估教学质量、评价教学成果等最基础的教学文件。教学大纲具有指导性、权威性、稳定性、适用性的特点，在一定程度上反映了学科的发展方向与水平，也决定着学校培养人才的规格和模式。教学大纲应涵盖课程的教育目标、基础教学要求等多个方面。在此基础上制定出具有一定深度和广度的具体大纲，作为各专业教学过程中确定各年级各门科目教学进度的主要参考依据。教学大纲通常是由系（部）组织相关教师根据上述原则编写的，经过系（部）以及教务处的双重审议，然后上报给校（院）领导进行批准执行。各专业都有自己的教学计划，但对教学计划中涉及的各门课程必须制定出具体明确的教学大纲。按照教学计划的要求，所开设的所有课程都必须有一个标准化的教学大纲。在相应的课程开始前的一个学期，教学大纲应当被制定完毕。制定大纲是一项十分重要又复杂的工作，在教学活动中教师有责任严格遵守教学大纲所规定的各项标准和要求。

（六）高职院校教材建设与管理

教材建设是教学基本建设之一，是保证人才培养质量的重要措施。自1978年改革开放政策实施以来，得益于各级教育管理机构、教育机构和相关出版单位的多方努力，我国已经成功出版了多本高等职业教育的教材，但从一个宏观的视角来看，具有高等职业教育特色的教材还很匮乏，为了适应高等职业教育形势的发展，学校教材建设和管理工作应该实现制度化、规范化和科学化。

1. 教材建设

（1）教材建设的组织与职责

学校要成立一个专门负责教材建设的工作委员会，并在该委员会的正确指导下，按照明确的计划、步骤和重点来进行教材的制定建设工作。教材建设工作是一项系统工程，涉及多个方面。校长担任教材建设工作委员会的主任，委员会的成员则包括教务处长、系主任以及学术造诣较高的教育工作者。各专业教研室负责本专业的教材编写与组织实施工作。教材建设工作委员会由多个不同的课程组构成，其中每组设组长一人，成员若干人。以下是教材建设工作委员会的核心职责：为学校的教材建设提供了基本的原则性建议。对学校的教材建设方案和计划进行审查和审议。对教材预订计划里的新版本教材进行严格审核。全面审查已立项的建设教材。对学校内部的优秀教材进行评选，并推荐它们参与省级或部级和国家级教材评审。推荐并引进来自国外的高质量教学材料。

（2）教材建设的原则

在教材的构建过程中，必须紧密地聚焦于高技能人才的培养工作。在编写基础课程教材时，应以实际应用为核心目标，充分遵循"必需、够用"的标准，并将清晰解释概念和加强应用能力作为教学的侧重点。专业课教材则应以提高学生素质为主线，突出应用性和技能性，同时也应该注重其针对性与实用性。在教材编写中，应充分考虑学生职业能力的提高及未来岗位对技能型人才的需要。在教材的构建过程中，除了需要关注内容、体系以及结构的革新之外，还需重视教学方法、教学手段与教学工具的更新，以满足科技进步与实际生产的不同需求。

在高等职业教育教材的编写过程中，学校特别强调内容与体系改革的重要性，以确保教材具有创新性和鲜明的特点；重点支持与专业发展相适应、符合职业特点的高职教材，支持那些技术水平较高的高等职业教育教材和讲义，这些教材和讲义能够反映出生产、建设、管理和服务一线的新技术、新知识和新工艺；支持能提高教学效率和教学效果的音像教材和计算机辅助教学（Computer Aided Instruction，简称CAI）课件的编写和出版；支持引进和翻译国外水平较高且适合我国国情的高等职业教育教材、专著等。

2. 教材管理

为加强教材管理，严格教材选用、订购与印刷的审批程序，把好教材质量关，学校应设有专门的教材管理机构，专人负责教材的订购与发放，并建立相应的管理机构及相应的管理制度。教材管理一般由教务处教材科管理。

（1）教材的选用

教材的选择意见由教研室提出，经过系主任的仔细审核后，提交给教务处进行最终批准。教材选定后，要做到相对稳定，换任课教师不换教材。选用的教材必须符合高等职业教育教学的基本要求和人才培养目标，应注重选用具有高等职业教育特色的教材，优先选用规范的高等职业教育统编教材。没有全国统编教材的课程，可以组织人员自编教材或讲义。

（2）教材的订购

教材的订购工作是一项计划性和时间性较强的工作，系（部）必须在规定的时间内，将订购教材登记表按时送交教材科，由教材科统一制订订购计划。计划一经确定，不能随意更改。原则上每门课程只能选用一种教材，不得以任何借口为学生订购其他教材，增加学生负担。

（3）自编教材或讲义的编写

自编教材或讲义时，应注意其先进性、科学性、实践性和知识结构的完整性，并便于学生自学。要注意前后课程的衔接，防止不必要的重复。特别要注重实验教材的编写与选用，其内容必须加强对学生动手能力的训练，并可选择适量的提高性、设计性实验，以培养学生的独立思维能力和研究能力。自编教材或讲义要经教研室充分论证，由系主任审核，报教务处批准后组织编写。系、教研室要积极开展教材研究，把教材研究列入教学研究活动日程。

（4）教材评价

系（部）要建立教材使用档案与教材质量跟踪调查制度，每个学期都需要检查和评价本系所用教材的质量和使用状况，这将作为未来选择教材的主要参考依据。

四、高职院校教学运行管理

（一）高职院校课堂教学的组织管理

课堂教学构成了教学活动的基础框架，其中对课堂教学的组织和管理则是教学管理任务中最根本的管理环节。课堂教学的组织管理工作包括如下方面。

首先，高职院校应当认真挑选具备较强的学术能力、责任感以及丰富教学经验的教师来授课。毕业于非师范教育机构的教师，必须确保他们的教育基础理论课程得到优化与完善；在没有实践条件时可由有关专业人员兼任班主任或辅导老师，没有实践经验的专业课程教师需要加强生产实践方面的课程，并对新入职的教师以及新课程的教师进行入职前的培训，同时要求他们在课程开始前进行试讲。

其次，组织教师深入探讨教学大纲，并策划或选择同教学大纲相匹配的教学材料或参考资料。

最后，授课的教师需要对教学活动进行精心组织。在教学过程中应当严格坚守"教书育人、因材施教"的核心理念与原则，并积极采纳与高等职业教育相匹配的启发式、讨论式等多样化的教学策略，确保思想政治教育、职业道德教育和创业创新教育在整个教学过程中得到完美的融合，并将知识传授、智力开发等多个方面统一整合。

（二）高职院校实践性教学的组织管理

首先，学校需要高度重视实践教学内容的革新，新增具有综合性、设计性和应用性的不同类型的实践项目，借助各种方式不断强化现场模拟教学的组织与设计，注重培养学生的基本技能，同时加强对其应用能力的训练和提升，有效规范实践教学和考核方法，以确保实践教学质量得到较大幅度的提升。除此之外，需要在校园内外建立一个相对稳定的实习或实训基地，并且逐渐构建与持续优化产学融合的健康运作机制。

其次，实习或实训的教学方案或计划主要是由系（部）根据学校内外的实际发展状况科学制订的，并在得到负责教学的校（院）长的同意后开始实施。实习（实训）计划主要涵盖了实习的本质、目标以及所需完成的任务，关于实习的内容、方法、地点以及时间的安排，等等。

最后，关于课程设计、综合练习和社会调查的题目选择，都应该按照教学计划以及教学大纲的规定和要求，与实际情况紧密结合，旨在培养学生的观察、分析和解决问题的综合能力。具体的选题是由负责出题的教师制定的，经过教研室的仔细审核之后，再提交给系（部）主任进行最终批准。

（三）高职院校考核管理

所有由教学计划规定开设的课程，都需要对学生的表现进行综合考核。在制定考核题目的时候，应以教学大纲作为基础，并积极地对考核内容与方式进行改革，特别是要重点检查学生对所学课程的基础理论知识、基本技能的掌握程度，以及他们在实际应用方面的能力。在考试中坚持客观性与科学性相结合的原则，做到定性定量有机结合，鼓励使用试题库或试卷库进行题目设计，并实施教学与考试分离。在保证教学质量前提下，适当提高考试成绩占总成绩的比例，建立一个严格的考试体系，规范考试的风气和纪律，并对考务工作进行周密的规划与合理的安排。加强思想政治教育，提高考生素质，对在考试中作弊的人，必须根据相关条例进行严格处理。学校各部门都应积极配合做好教学管理工作。试卷的评审过程必须是认真、公平和客观的，教务处主要负责对考核活动进行指导、组织以及检查。

（四）高职院校日常教学管理

学校需根据各个专业的教学计划，对学期教学进程表、总课表和考试安排表进行科学、合理的制定，以确保全校的教学秩序能够保持稳定。对于这三个关键表格文件的执行情况，学校应制定相应的管理制度以及有效的检查方法，并且将最终的执行结果正式记录在案。教师在完成每门课程学习任务后都要填写课程目标责任书，并且将该阶段内学生作业数量、质量进行统计汇总，形成本阶段教学质量分析报告，作为评价教学效果的主要依据。各个系（部）和教务处在具体执行的时候，应与教学督导员紧密合作，定期获取教学相关的信息，不断对教学的督导和管理工作进行强化，同时严格有序控制教学进度和课表变动的审批流程，并对执行过程中可能出现的问题或事故及时进行处理。

（五）高职院校学籍管理

学籍管理的核心内容涵盖了学生的入学资格、注册过程、学籍的变化等多个方面。学校在制定学籍管理办法时，应遵循上级的相关规定，确保建立和完善学籍档案，并保证其及时性、完整性、准确性和规范性。同时，要加强教学管理队伍建设，完善管理制度，建立一个严格的学籍注册机制，以确保学校注册制度的严肃性。基于注册制度，积极、主动地研究学年制、学分制以及其他有助于快速提升教学品质的有效改革措施。

（六）高职院校教学资源管理

必须确保教学设施、教学仪器和图书资源得到合理的配置、规划、建设和管理，并且建立完善的规章制度。在高职院校教育教学中，最大程度地利用现有的设备和设施，确保满足教学需求，充分利用学校内部的教学资源；加强教学管理，提高教学质量，培养学生实践能力；对社会教育资源积极进行开发与灵活、合理利用，以建立一个相对稳定的校外实习和实训基地；提高对实验教学重要性的认识，加强实验教师队伍的培训，强化学生实践能力培养。充分利用各种信息资源，提高学生自主学习能力及实践创新能力。基于实际需求，不断优化教室的各项功能，同时建立多功能教室。

（七）高职院校教学档案管理

学校有责任根据档案管理的标准来构建和完善教学档案的管理体系和制度。教学档案遵循分级管理的原则，无论是教务处还是系（部）均应当指派专门的人员来负责，严格按照年度进行分类、编目、造册和归档工作；积极、主动促进档案管理的现代化进程，全方位分析之后明确档案查阅制度，最大化地利用教学档案的功能和作用。教学档案所涵盖的内容或范围包括以下几个方面。第一，由上级教育管理部门发布的具有政策性导向和指导作用的教学文件，以及相关的规章制度。第二，由学校出台的各种教育文档以及教学的规章和制度。第三，关于教学基础设施的各类规划与方案、教师培训的计划与执行状况，以及教育资源的统计材料。

（八）高职院校教学管理组织的职能

首先，教研室需要制订"教研室工作计划"来有序组织和开展集体备课和公开教学活动，同时也要组织政治和业务学习以及教学研究活动，对教师教学进度以及教学状况进行定期检查和评估。

其次，各个系（部）需要定期组织教研室主任和任课教师的会议，以便及时掌握和了解实际情况，对后续的工作任务进行合理安排，总结与分享教学和管理的经验，此外还可以对教学中遇到的问题或者可能出现的问题进行研究并解决。

最后，教务处有责任有效协助负责教学的校（院）领导，科学组织系（部）主任的教学工作例会或专题工作研究会，以便对教学计划执行中遇到的问题进行及时了解、有序协调以及正确处理。

五、高职院校教学质量管理

（一）教学检查

第一，在学院教学质量管理的过程中，常规的教学检查被视为非常重要的策略。各教研室必须按照教学计划要求开展各项教学活动，学院需确立持续的教学检查和常规教学检查制度，并确保其得到严格执行，对不符合教学计划要求、影响正常教学秩序的行为进行纠正。学院每年都应积极组织相关部门，努力做好学年（学期）的教学准备、期中以及期末的三个阶段的相关检查。以最终检查结果为基础，找出目前存在的主要问题，并提出相应的改进措施，同时在实施过程中对这些措施进行验证。

第二，日常的教学检查制度主要涵盖了对教学流程的维护和审查、教室日志的维护和审查，等等。学校各个级别的领导有权进行随机听课，一般情况下校长、分管校长以及教务处长和副处长每个学期通常会有 6 到 8 个课时；每个学期，系、部、中心的主任和副主任的课时通常都不会少于 10 课时；每个学期，教研室主任的听课时间通常不应少于 12 课时，并且教研室需要安排教师间的相互听课，确保每个学期至少有 12 课时。值得一提的是，听课的时候必须进行详细记录和分析，并将发现的问题和解决建议及时、准确地传达给相关部门与教师本人。听课记录是考核领导政绩的一项重要内容。

（二）高职院校学生成绩考核

第一，对于考核成绩的评定而言，除了能够使用百分制或四级制之外，也可以根据合格或不合格来进行评定。在对学生的考核成绩进行评定时，主要侧重于期末考核，并适当参照学生的日常成绩。学校应该明确各种课程的日常成绩、期中考试、期末考试以及实践课在总分中的占比。

第二，考试题目的制定是基于教学大纲的，试卷范围应全面涵盖课程的主要内容，对基本知识、理论以及技能进行重点强调，重视对学生智力与能力的考核，加强培养和提升学生综合运用所学知识来分析问题与解决实际问题的相关能力。每份试卷都应有详细的参考答案，并由阅卷老师进行评分。为了满足不同课程的教学标准，需要合理地挑选各种试题，确保试卷的难度和数量都是合适的。试卷考核必须做到客观、公正、科学、规范，每一份试卷不仅应附带标准的答案，还应有一定的评分准则，并在打印之前进行严格的校准。试卷质量是评价教师教学水平和学生学习成绩的重要依据之一，试卷从出题、审核、选择到印刷的每一个步骤都必须保密，对于泄露信息的事件，必须追究其责任并进行严格处理。坚持考试与教学的分离原则，采纳 A、B 卷或多份试卷的出题方式，尽量让非任课教师或教研室共同负责命题，并且在此期间还需要积极创造有利条件，利用各种资源逐步构建各课程的试题库，借助先进的计算机技术来存储与实现考试组织管理的现代化。

第三，考试场地是考核学生表现的关键地点，因此教务部门需要精心组织和严格管理，明确考试规定和监考准则。无论是考场的布置、秩序安排，还是监考和巡考人员的配置，都应该以维护考场的严格纪律为核心，促使考试的有序进行并预防作弊行为的发生。

（三）高职院校实践课程考核

各种实习均应进行综合考核，根据学生在实习中的综合表现和实习报告评定成绩。

第一，课程设计（大型作业）、社会调查、毕业设计（论文）的考核一般可采取答辩的方法，学院应组织答辩委员会（小组），通过考查学生对一门或多门课程科研课题的掌握情况，考核学生综合知识和独立解决实际问题的能力，考核学生的实验、实践等方面的技能，考核学生的文字、口头表达能力等。根据作业、设计、论文的质量和答辩情况评定成绩。

第二，批改试卷的过程必须确保其客观性、准确性和公正性。每份考试试卷都是独立命题，通常会选择集中式和流水线的方式来批改试卷。每份试卷均应有批改意见和处理结果说明，试卷的样本、标准答案以及评分准则都应当被妥善存档。经过评审的期末考试试卷将由教务处保管一年时间。考试成绩和等级评定结果应及时向学生家长或社会公布。学生的考试成绩应在考试结束后的一周之内提交给教务处，一旦成绩上报，不能擅自更改。当学生想要对成绩进行复查的时候，教务处应指派相关人员与授课教师共同参与。

第三，在学期结束或下学期开始的时候，教务处应对课程学业成绩进行定量和定性的综合分析，以便及时获取各种统计量，如平均成绩、分率等。通过对统计量的纵向和横向比较，可以从中找出对统计量产生影响的关键因素，如班级、教师的教学技巧、试卷的难易程度等，这些都可以作为评价和监控学校综合教学质量的重要依据。

（四）高职院校教学质量评价

对专业的教学质量进行综合分析和监控是学校基于其专业特性对所开设的专业进行的质量管理活动和工作。学校的教务部门有责任组织各个系、部以及中心的工作人员，以专业的培养目标为核心，借助教学质量的全面检查，对专业教学的质量进行分析和监控。在分析中，首先要确定影响各专业人才培养质量的因素，然后再将其作为指标体系，运用不同的方法建立评价模型，并结合专家打分法，计算出各项指标权重值。除了对专业学生的成绩进行深入分析之外，还需要重点探讨和分析专业培养目标的实际状况、当前教学计划中存在的问题等多个方面，并将这些数据反馈给系、部或教研室主任，以便及时修改教学大纲和教材。经过对专业教学质量的深入分析，最终提出一系列能够使专业教学质量得到大幅度快速提升的策略与建议。分管校长以及教务处、系、部、中心都应进行细致的审阅，并按照既定流程适当调整专业的教学计划、教学大纲等。

课程的教学质量评价和分析是由系、部、中心、教研室和教师严格根据课程教学大纲来进行的。在进行课程教学质量分析的时候，必须紧密围绕各个专业设定的教学目标，以及课程在专业教学中的重要地位与发挥的作用来进行。同时，分析学生的完成情况，肯定和认可他们的成绩，找出存在的问题，并对课程教学大纲和教学方法提出合适的改进建议，最后编写一份详细的分析报告。教务处应当严格审查和审阅课程质量分析报告，并将其纳入教学档案中，需要注意的是所有接受的建议和意见都应按照既定流程执行。

六、高职院校教学管理制度

教学过程是一个完整的流程，教学管理对教学过程的任何环节都不能忽视，凡是教学活动都要进行管理。教学管理与教学活动是密切联系在一起的，二者相伴发生。教学活动成效依靠教学管理的力度，教学管理的成效又依赖于管理制度的执行。

（一）高职院校制定教学管理制度的必要性

教学管理本身也是一个过程即教学管理过程，也就是指教学工作。教学管理的流程，本质就是使教学工作的各环节有机衔接、配合、协调，以提高教学质量。提高教学质量是教学管理的终极目的和最高目标，但作为一个管理过程，为教学管理工作制定符合学校实际情况的阶段性管理目标并实施，更有利于提高教学管理的效率和本身的质量。

（1）有助于建立正常的教学工作秩序。学校教学工作是一个多因素、多层次、多系列、多结构的复杂综合体。要高效、高质量地完成教学任务、实现教学目标，就必须建立一整套教学管理制度，使教学工作有规可循，有矩可蹈。只有如此，才能建立稳定的教学秩序，保证教学工作正常运行，使教学工作成绩显著。

（2）有助于调动师生的积极性、主动性。一所学校需要建立符合教育工作规律、符合现代管理原理的教学管理制度，使每一个师生都应该明确自身的职责，明白应该和不应该做什么以及怎么做，这样就可以明确责任，调动教师和学生教与学的积极性、主动性和创造性，把教学工作最优化地组织起来。

（3）有助于使教学管理更加科学和规范。加强教学管理制度建设是促进高职院校发展的重要保障，制定教学管理制度实际上是对学校教育活动和工作的整体流程进行标准化和规范化，以使教学管理与高等职业教育人才培养模式的核心原则和基本规律相一致。为了提升、优化教学管理制度，需要持续地研究和完善教学管理体系，积极引导并科学优化教学管理流程和工作，最终构建一个充满活力和生机的教学运行机制，从而形成独特的教学特色，使教学质量得到全面提升。

（二）高职院校制定管理制度遵循的原则

规章制度的建设是高职院校管理的一个组成部分，师生员工都必须遵守，由学校行政约束力来保证其实施。规章制度规定了学校事务参与者的权利、义务以及违反规章应给予的处罚，以达到维护学校正常秩序的目的。高职院校规章制度制定要遵循以下一些原则。

（1）权威性。一是要有合法的依据，也就是应该根据国家的相关法律，尤其是国家教育基本法规中的精神、原则以及具体要求，不能与之产生冲突；二是要有合理的程序，应区分各种不同的规章制度以及根据学校权限的划分，确立适当的制定者、批准者和颁布者。

（2）可行性。必须坚持实事求是的原则，从客观实际出发，制定出的规章制度要切实可行，行之有效，切忌生搬硬套、脱离实际和形式主义。

（3）民主性。尽管管理法规主要是基于特定的管理权限来强制执行的，然而真正高效的法规必须得到广大人民群众的真诚支持，任何学校规章制度的修订都应力求得到广大师生员工的理解、参与和支持。因此在规章制度的制定过程中，要注意广泛听取师生员工的意见。

（4）严肃性。制定规章制度要慎重认真，切忌草率从事。制度一经公布，就应严格执行，有章必依，违章必究。不能朝令夕改，要注意保持学校规章制度的稳定性和连续性，颁布的规章制度应有一定的时效，并且只要是有效的规章和制度都不应被轻易"抛弃"；订立新的规章制度和更改原有规章制度时要注意吸取和保留原有规章制度中合理的成分。

（5）准确性。规章和制度的具体内容需要具有一定的清晰性和明确性，尽可能地避免模糊和抽象，条款必须简洁明了；条文具有简明性的同时，不可冗长繁琐。在选择词汇和表达方式时，必须确保其准确性和可靠性，把握好分寸，无歧义，避免模棱两可和任何可能的偏差；逻辑上要严密、统一，尽可能无懈可击，绝不能自相矛盾。

要提高教学管理的效率和质量，建立健全一整套科学的、行之有效的教学管理制度是关键性的基础工作。俗话说："不以规矩，不成方圆。"教学管理制度就是一种教学规矩，唯有对教学管理制度进行全面的贯彻、认真的执行和落实，才可以真正让教学工作标准化、制度化、程序化，同时也有利于增强管理者科学管理和依法管理的意识。

（三）高职院校教学管理制度的主要内容

（1）教学计划及运行管理制度。此项制度主要包括教学计划、课程教学基本要求、学期进程计划、校历、课程表、教材、教学督导与检查、教学评价、教学档案等。

（2）理论教学管理制度。此项制度涵盖了学期授课计划、停课、调课、代课、考试等管理制度。

（3）师资队伍管理制度。此项制度主要包括教师进修、"双师型"教师培养、教师业务档案等管理制度。

（4）学业成绩管理制度。此项制度主要包括理论教学考核、实践教学考核、学籍管理等管理制度。

（四）高职院校教学管理规章制度的实施与监督

1. 高职院校教学管理规章制度的实施

学校制定颁布的每一项教学管理规章制度必须通过各种形式广为宣传，必要时可组织专题学习，使教学管理规章制度为师生员工所知晓。执行教学管理规章制度是指学校机关及其公职人员在规定的职权范围内，依照规章制度实行有效管理。这首先要求学校在制定教学管理规章制度时必须明确执行部门，同时执行部门必须坚持实事求是、规章面前人人平等的原则，要严肃、认真、公平、公正处理任何违背教学管理规章制度的事件。

2. 高职院校教学管理规章制度的监督

高职院校在大多数情况下主要是通过其监察机构以及其他相关职能部门，来监督教学管理规章制度的执行情况，对表现出色的遵守者给予表扬，对执行不当的人进行批评，并且对严重违规者进行适当的处罚，确保规章制度得到有效执行。师生员工是教学管理规章制度监督的主体，他们可以以个人名义，也可通过职代会、学代会及其他群众团体对教学管理规章制度的实施进行监督。

第三章 高职院校多样化教学方式的建设

近年来,招生考试模式的多样化,必然造成生源类型的多样化,传统的统一教学模式显然不能适应生源形式的变化,因此高职院校也需要进行多样化教学方式的改变。本章从高职院校分层次教学的必要性、混合式教学改革建设、高职院校移动学习教学建设、高职院校数字化校园建设四个方面进行阐述。

第一节 高职院校分层次教学的必要性

一、高职院校实行分层次教学的理论依据

分层次教学是在承认学生个性差异的前提下,以学生为主体,有区别地制定出教学目标和教学内容,提出相应的教学要求,制定出相应的教学进度,变换授课方式,创新成绩考评新机制,使学生在最适合自己的学习环境中得到最大提高的教学模式。学生的个体差异是客观存在的,它首先表现在不同学生在同一方面发展的速度和水平各不相同,比如有的学生掌握数学概念比较快,并善于解决具有一定难度的数学问题,而有的学生在数学思维方面比较弱;其次,表现在不同方面发展也各有优劣长短,比如有的学生逻辑思维能力较强,但动手能力较差,而有的学生具有较强的实践操作能力,但理论课的学习始终达不到要求;最后,表现在不同的学生具有不同的个性心理倾向上,比如不同的学生具有不同的兴趣、爱好和性格,这对学生的学习动力、学习倾向以至学习结果和效果有直接影响,传统的教育理论把它归到非智力因素上的差异。

20世纪80年代,美国哈佛大学心理学家霍华德·加德纳经过大量科学实验

研究，提出了多元智能理论，他认为人的智力有七种（后来又发展到九种）类型组合，不同的学生具有不同的智力组合，没有人更聪明，只有人在哪些方面更聪明，不同的学生具有不同的优势领域。多元智能理论不单单是承认人的智力具有差异，而且指出这种差异不是衡量学生智力优劣的依据，也不把智力分成智力性的和非智力性的，它认定学生的智力各有千秋，各有优势，这比传统学生差异观更先进了一步。

基于此，高职教育的教学工作应充分尊重和重视学生的个别差异，贯彻因材施教的原则。这里，因材施教原则体现在教师的教学过程之中。要注意的是，因材施教不是简单地把学生分成优劣，将之区别对待，而是对每个学生的优的方面和劣的方面都要给予足够的重视，采取不同的施教策略，使之得到相应的发展，这也是实行分层次教学应遵循的一个重要原则。高职教育本身不能进行单一人才规格的教育，应该实行培养模式和培养目标的多样化和多层次，在保证高职教育实践性强的优势的前提下，满足不同条件和发展意愿的学生需要，让他们学技能就业，学本事创业，打好扎实基础，谋求将来的发展以及适应变化、升学等。

二、高职院校实行分层次教学法的效果

（一）提高了学生的学习兴趣

分层教学使学生感到自己是学习的主人，学习是自己的需要，学习中有发现，学习中有乐趣，学习中有收获，因此大大优化了教学效果，使学生的智慧、能力、情感、信念得到融合。

（二）极大增强了学生的自信心

多层次目标较接近学生实际，通过努力，大多数学生可以达到并逐步超越本层次要求，逐步消除了自卑感，增强了学习的自信心，能认真地自我评价，这在注重学生心理健康的今天显得尤为重要。

（三）实现了因材施教，发展了学生的个性

教无定法，贵在得法，课堂教学不仅是一门技术，更是一门艺术。对于教师来说，因材施教，只有尊重每一个学生的个体差异，才能为学生的成功奠定基石。

实行分层次教学，对教师的教育观念提出了新的挑战，对学校的教学管理、学生管理提出了新的更高的要求，也增加了管理的繁杂程度，但它是高职教育应对学生差异、走出困惑、提高教育效益的必然选择和最终结果。只要我们采取积极可行的实施策略，就能让学校、教师走向一个新的境界，使学生走向成功。本着以人为本的教育理念，分层次教学，分类施教，最大限度地为不同层次的学生提供全新的学习机会，让每一个人都能得到最大限度的发展，这是我们每一名教育工作者的应尽职责。

三、高职院校实行分层教学需要注意的问题

（一）必须得到高职院校领导的批准

对高职学生的分层在学生入学的时候就要进行，其中涉及摸底考试和学校其他部门的事务，牵涉的事情比较多。为顺利实现分层教学，必须取得学校领导批准，并且得到学校各部门的协同配合，如此分层教学才能顺利实施。

（二）确认学生的认知程度

在入学时进行摸底考试时，也许因为特殊的原因导致个别学生没能正常发挥，导致考试成绩较差，而其实际学习非常具有天分。这就需要教师在日常教学过程中去再三确认才能够知晓，当发现这类型学生时应及时调整其分层。

（三）注意学生的自尊心

在入学考试后对学生进行分层，实际上就是把学生分成了不同的层次。因此，在日常的教学中，教师一定要注意自己的言辞，注意不要伤害学生的自尊心。

（四）对教师提出了更严格的要求

在分层教学模式下，教师不可能再沿袭从前的模式，即"一个教案用到底"；而应改革课堂教学模式，课堂的主角从以教师为主转到以学生为主，针对不同层次的学生要选择恰当的方法和手段，精心地设计课堂教学活动、精心备课、精心设问、精心设计练习、精心研究教学语言、精心设计检测题目。此外，教师还要

不断充实和改变教学形式，力求适应学生的特点，了解学生的实际需求，关心他们的进步，充分调动学生的学习主动性，创造良好的课堂教学氛围，形成成功的激励机制，确保每一个学生都能取得进步。

（五）要灵活运用分层教学法

无论是学生的分层、教学目标的分层、教学方法的分层，还是考试的分层都不是一成不变的，分层是弹性的。在实践中要灵活应用，要根据实际情况经常进行调整，目的是通过采用分层教学，发挥全体学生的主动性和创造性，充分调动学生学习的积极性，提高学习兴趣，使学生始终拥有自信心和责任感，从而全面提高教学质量。

第二节　高职院校混合式教学改革建设

一、混合式教学必要性

（一）混合式教学概念

混合式教学，是指将在线教学和传统教学的优势结合起来的一种线上+线下的教学。这种混合式教学主要指的是教学方法手段的混合，为狭义的混合式教学。为了提高教与学效果，打造有效课堂，混合式教学不但在教学方法、手段方面混合，还应包括教学活动、教学内容、评价方式、教学素材、课堂角色、学习平台等方面的混合，可以构建广义的混合式教学。

广义的混合式教学，改变了在传统课堂教学过程中过分使用讲授而导致学生学习主动性不高、认知参与度不足、不同学生的学习结果差异过大等问题，能有效提高学生学习主动性、参与度，使每名学生都有收获，使不同层次学生差异变小，最终实现学习目标。混合式教学把传统教学的时间和空间进行了扩展，"教"和"学"不一定都要在同一时间同一地点发生，混合式教学把学习者的学习由浅入深地引向深度学习。

（二）实施混合式教学的原因

1. 仅靠传统教学不能满足目前教学改革需要

混合式教学是线上线下教学的优势组合，并不排斥传统的课堂教学，传统的课堂教学也有其特点，它能满足学生情感需求和学习氛围需求，教师能从学生听课反应中及时发现问题，进行课堂教学调整和同步答疑交流，这有利于面对面互动，教师能尽快熟悉授课学生情况，面对面育人效果好。但是随着高职招生制度改革、学情变化、教学改革需要，传统的课堂教学模式越来越不能适应日益变化的高职教学需求。主要表现在以下几个方面。

（1）学情变化。以前学生学习资源单一，主要来源于教师课堂授课及教材，大多学生求知欲强，学习不"厌食"，课堂上的传统教学能够让大多数学生专心学习；而现在高职不分批次招生，招收的学生学习基础、学习能力及学习态度参差不齐，学生可选择的学习资源多了，再加上外界环境诱惑增多，如果再用传统单调的教法，学生就开始"挑食"了，课堂上学生学习的专心程度受到影响。

（2）课时较少。高职教育很重视理论与实践相结合，3年6学期的高职院校至少有1学期用于顶岗实习，公共基础课时要满足一定要求，学生还要开设创新创业等素质教育课程，这样专业核心课程课时大多在60学时左右，较以前课时几乎减少一半，虽然课时减少，但目标不降低，反而提高了对学生知识、技能、素养、创新创业等能力的要求，如果还用传统黑板+粉笔的教学模式，随着课时的减少，不能保证教学目标的实现。

（3）大班上课。一些高职院校师生比低，专业课程往往合班上课，一个合堂班上课人数常常在70~100名，有的甚至上课学生超过100名，传统教法不能及时了解掌握所有学生学习情况，不能全面了解班级学生学习中问题，更不能针对问题及时纠偏、提醒，不能保证每节课所有学生都能有收获，不利于打造有效课堂。

（4）课程特点。一些有着技术要求的工科类课程本身有一定难度，教师虽然已考虑学情选取了教学内容，但对于基础差、学习能力低的学生来说，采用传统课堂教学，仅限于课堂上教师讲一遍，就想让学生学会是有一定难度的，而这些课程往往具有知识技能点环环相扣的特点，是学生未来发展的课程，学不会就可能影响后续课程学习，更影响学生长远发展。

综上所述，高职院校授课的班级人数多、学生基础参差不齐、课下学习不主动，用传统的教学模式已无法满足不同层次的学生学习需求，更无法做到全员参与交流、答疑和师生互动。在传统教学的课堂上，老师台上讲课，学生台下精力不集中成了常态，课堂教学效果差，课下能自觉学习的学生很少，教师也不能全面了解学生是否学习，造成基础差、学习态度差的学生越来越厌学、逃学，影响正常课堂教学进行及高质量教学目标的实现。

要发挥每位学生潜能、调动学生的学习积极性，让每位学生每节课都有收获，在信息化发达的今天，就要利用学生对互联网的兴趣，擅长信息技术的优势，以学定教，借助"互联网+"打造混合式教学，为厌学基础差学生增强"食欲"，使他们去学、会学，为基础好的学生额外"点餐"，助力学生技能提升与知识拓展、创新！

2. 信息化教学弥补传统教学不足

"互联网+"给教育带来契机，在"互联网+教育"的推动下，学生的学习方式、方法及内涵发生了重大的变革。利用各类网络教学平台，让传统的课堂教学进入了信息化、数字化的时代。借助信息化平台，课前教师将传统课堂无法展示讲解的抽象、难懂的教学内容，制作成微课、动画、录像等优质资源通过平台推送给学生，学生可以在多种终端上进行课前学习。教师通过后台大数据的分析，可以从多方面了解到学生的课前学习情况，针对存在问题优化课堂上的教学设计。课后，教师基于平台上反馈学生课前、课中学习活动的数据，利用平台分层次向学生推送个性化的作业，满足不同程度学生的个性化需求，让以"教"为中心变成以"学"为中心。

对于实际工程中无法看到、无法看全的现象、工艺或流程，可通过录像、动画或模拟仿真形式展示给学生；对于有一定难度的课程，学生通过课堂上学习还不能掌握的知识与技能，可通过信息化平台课线上学习巩固加强提升；因班级学生多、传统教学不能实现全员交流答疑，可通过线上信息化平台完成；信息化平台具有大数据收集分析、及时更新功能，借助大数据分析，能对学生学习情况、教师讲课效果及时分析发布，有利于学生自查反省和教师检测及下一步的改进提升。信息化教学优势主要表现在 12 个方面，具体归纳如图 3-2-1 所示。

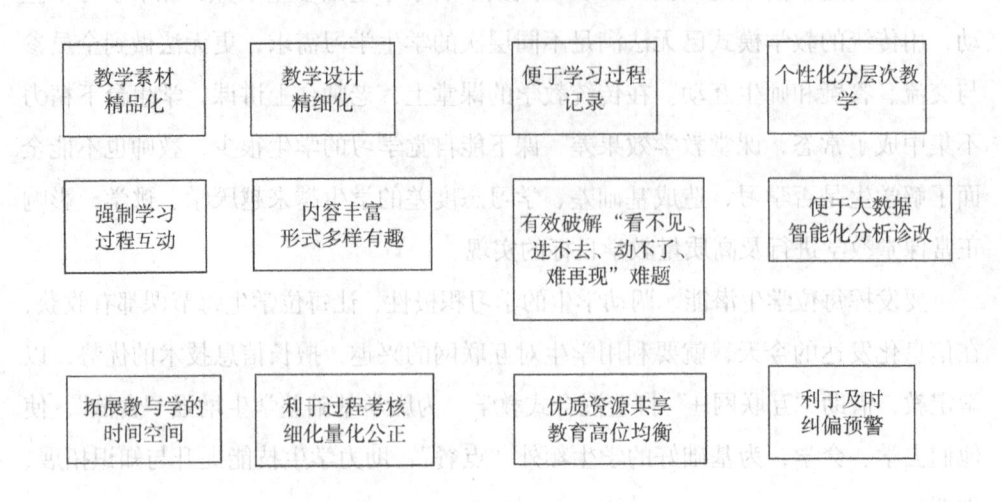

教学素材精品化	教学设计精细化	便于学习过程记录	个性化分层次教学
强制学习过程互动	内容丰富形式多样有趣	有效破解"看不见、进不去、动不了、难再现"难题	便于大数据智能化分析诊改
拓展教与学的时间空间	利于过程考核细化量化公正	优质资源共享教育高位均衡	利于及时纠偏预警

图 3-2-1 信息化教学优势

根据学情及课程特点，采用线上、线下混合式教学，把信息化平台线上教学优势与传统课堂线下教学优势有机结合。在结合的基础上不断探索选取灵活多样的教学方法手段，设计不同层次的教学内容及评价方式，使每位学生的学习潜能得到发挥，以提高教学质量，最终实现教学目标。

二、混合式教学实施关键

（一）线上平台选取要强调"五性"

目前，混合式教学可以借助的信息化平台种类很多，混合式教学成效如何，平台的选取很关键，为此采用混合式教学要进行线上教学平台选取。用于混合式教学的线上学习平台选取要具备"五性"，即简单易行性、师生互动性、人工智能性、数据分析性和资源优质性。

第一，混合式教学选取的线上教学平台要兼容性好，能让学生方便快捷打开，具有简单易行性；第二，平台要能弥补传统教学的不足，兼教、学、练、测、答、评为一体，能进行交流答疑与互动测评，能调动学生学习积极性、主动性，具有师生互动性；第三，平台要能随机组题，尽可能地预防学生讨论回复和单元测验时造假，具有人工智能性；第四，平台能实时收集分析课程运行数据，及时发现学生学习问题及课程建设、应用问题，并推送学生学习报告和课程运行报告，及时诊断改进，具有强大的数据分析性；第五，平台上素材种类要丰富多样，有动画、微课、模拟仿真等动态资源，资源制作要符合学生认知规律，满足素材制作精致、素材设计精细化的优质性。目前线上学习平台很多，像爱课程、好大学在线、学堂在线平台上课程资源都很优质。

（二）线上课程建设要满足"八性"

混合式教学是线上线下相结合的教学，对于线上课程建设要满足"八性"，也就是科学性、趣味性、实用性、活动性、精致性、精细性、层次性、有效性八种。

1. 科学性

线上课程往往免费向全社会开放，影响面广、数量大，资源首先要满足规范、准确、严谨的要求，讲解内容要清晰、条理性强，具有科学性。

2. 趣味性

知识讲解透彻生动、深入浅出、理实一体、趣味、贴近生活，教学方法先进，教学素材优质多样，讲课风格吸引学生等。

3. 实用性

在线课程资源既要有基础差的学生课堂上不宜掌握的难点和重点内容，也要有基础好的学生勇于开拓提升创新的资源，满足高阶性、挑战性。

4. 活动性

为了给线上学习营造课堂学习氛围，使学生学习不枯燥，建议在线上课程微课中间设置提问，学生回答后才能继续学习，学生听完微课要有对应的练习、讨论、单元测验，教、学、练、评相结合。对于存在的疑问要设置讨论区、答疑区进行互动，使学生动起来，使线上资源"活"起来。

5. 精致性

线上教学资源要想弥补传统课堂教学方式单调枯燥、抽象不足的问题，线上资源素材就要多用动画、微课仿真等优质精致素材，素材要能给学生带来视觉上的享受，具有冲击力、震撼感，以吸引学生入门，即线上学习素材要具有精致性。

6. 有效性

课程建设要按照学生的认知规律，一步步动态设计微课课件，使线上微课听课效果优于传统课堂教学效果，在线课程教学内容要符合人才培养方案课程标准，使学生通过在线学习能学到有用、实用的知识，能真正提高学生的成绩，实现知识技能与岗位需求无缝衔接，即线上资源具有有效性。

7. 精细性

线上微课讲解要遵循学生认知规律，一步步讲解，尤其是对于工科逻辑性强、难度大的课程，要结合课堂教学经验，把握线上讲课的语言、速度、声调，设计微课时长、教学方式、教学素材，即微课设计要具有精细性。

8. 层次性

线上学习资源既要有基本、必须掌握保底线的重点内容，也要有促发展、抽象重要的难点内容，还要有拓展提升的内容，才能满足不同层次学生需求，即线上学习资源具有层次性。

（三）线上微课制作要具备"三听"

信息化教学的线上课程教学资源，很多是以短而精的微课为主，微课的制作水平关系到学生是否愿意听、还想听、坚持听，为此，线上课程的微课制作要具备"三听"。

1. 愿意听

微课具有"颜值"，让学生愿意去听。微课背景及片头素材形式要能吸引学生看下去，声音图像要清晰，保证学生能听到、听清；教师的着装仪表要端庄大方，录制方式要动态多样化，避免学生产生审美疲劳感；微课素材要可视化、动态化，紧紧吸引学生不掉"线"；微课时间不宜太长，控制在5分钟~8分钟最佳，便于学生利用碎片时间学习；微课标题要接地气、活泼有趣，便于学生通过题目就能看懂讲解的内容，以便学生有针对性地选取学习。微课具备了这些"颜值"才能吸引学生去点开学习。

2. 还想听

微课具有"才华"，让学生听后还想听。微课知识的讲解要科学、规范、深入浅出、理实一体、趣味、贴近生活,教学模式要先进,讲课风格要幽默风趣等,这些决定微课的"才华",有"颜值"又有"才华"的微课才能保证学生继续听下去。

3. 坚持听

微课具有"品质",让学生能坚持听。微课讲解的内容既是学生课堂中学不会、听不懂的内容,也是课程目标要求掌握的和课程考试必考的知识技能点,这样才能保证微课的讲解对学生学习实用、有效,学生通过微课学习才能解决疑点、提高成绩,这样的微课才具有"品质",学生才能一直学习、坚持学习。如果微课内容太简单,学生课堂都解决了,就没有必要再学线上微课;如果微课的讲解是学生不会的重点、难点,但学生听后还是不会,学生也不会坚持学下去。只有学生学习后有获得感、成就感的微课,才具有"品质",学生才会坚持听下去。

三、高职教育教学的多种混合式教学模式

基于在线开放课程,混合式教学模式有慕课+课堂教学、慕课+小规模在线课程(Small Private Online Course,简称SPOC)+课堂教学、慕课+线下见面课教学、慕课+直播见面课教学、慕课+小规模在线课程+直播教学等模式五种。

(一)慕课+课堂教学模式

课下利用慕课进行资源学习及练习测验和答疑,课上利用传统课堂进行面对面上课交流,此种模式有利于自学能力强的学生课下进行预习、巩固和提升,但因慕课是针对全社会开放的大课堂,教师对于班级学生线上学习情况及存在的问题不能及时了解。

(二)慕课+小规模在线课程(SPOC)+课堂教学模式

课下利用慕课进行资源学习及练习测验和答疑,课上既利用传统课堂进行面对面上课交流,又利用小规模在线课程平台互动测验,及时发现班级所有学生课堂参与情况及存在的问题,为教师下一步课堂安排及时指引导航。对于高职工科类有一定难度的专业基础课程建议采用慕课+小规模在线课程(SPOC)+课堂教学模式。

（三）慕课+线下见面课教学模式

主要利用慕课进行资源学习、交流及练习测验和答疑，一学期教师组织几次线下课堂见面课，用来讲解线上学习疑点、难点或用来展示学生线上学习情况，或对学生线上学习情况进行考试。这种模式要求学生自觉性强，平台具有一定的防抄袭能力，课程难易度适合线上学习，对于拓展选修课或文科性质的课程常用此教学模式。

（四）慕课+直播见面课教学模式

与慕课+线下见面课教学模式的要求、目的基本相同，不同的是一学期教师通过线上直播与学生交流，用来讲解慕课学习疑点、难点或线上展示学生的学习情况。

（五）慕课+小规模在线课程（SPOC）+直播教学模式

利用慕课展示本课程所有知识技能点对应的微课、练习、讨论、测验及答疑；根据班级学情、课时、教学目标，教师利用小规模在线课程有针对性地选择微课、及讨论让本班学生学习，并通过小规模在线课程平台及时了解本班学生学习效果及完成情况；针对问题教师通过直播形式进行讲解、交流与答疑，或通过直播对学生学习情况进行展示交流。此种模式同样要求学生自学能力强、自觉性高、感觉课程难度不大。

混合式教学模式多样，教无定法。要根据课程特点、教师情况、课程条件等选取合适的教学模式，但无论什么样的教学模式，教学目的是一致的，就是以学习者为中心，提高学生的学习主动性和参与度，减小不同层次学生的学习结果差异，为不同层次、不同类型学生提供个性化、多样化的服务，使每位学生发挥潜能，让不同层次学生每堂课都有收获。

四、高职混合式教学应注意的五点

混合式教学，除了注意以上几个方面外，还要注意以下五点。

第一，混合式教学流于形式，不理解其内涵。有的老师不理解混合式教学内涵，认为利用课件上课、平台签到就做到了混合式教学，混合式教学要从外在形式方法到内在内容、活动及评价等都要进行适度的混合。

第二，没有条件进行混合式教学，做不到位。没有线上优质资源、没有智能平台，教师不能很好地使用信息化教学，就不能做到广义的混合式教学。

第三，师生习惯观念还没养成，做起来难。教师习惯唱主角、学生习惯当观众，教师习惯单一传统黑板授课，不善于利用线上优质资源及平台便捷地教学，这样调动不了学生的积极性。不考虑不同层次的学生，实施起来就困难。

第四，制度奖励政策还没健全，积极性受影响。混合式教学需要教师不断提升信息化能力，教师制作微课、搭建线上课程、精心设计教学环节的付出，比传统黑板+粉笔教学的教师更多，学校相关部门要制定管理制度和奖励政策，使真正用心上课的"金课"老师得到肯定，否则难以调动教师积极性，影响混合式教学的有效坚持。

第五，混合度不合理，设计不精细，收效不明显。混合式教学混合度选取是需要教师不断设计、不断体会、不断完善提高的，要求教师不但有较高的教学授课能力、丰富的教学经验，还要抽出更多时间进行教学设计，否则简单的混合、不加思考的混合达不到有效课堂的教学效果。

综上所述，从线上平台选取、线上课程建设、线上微课制作、教学模式、评价方式及注意事项等方面提出了混合式教学实施的关键点，教师要不断实践、调整完善，合理灵活把握才能调动学生积极性，才能使混合式教学发挥成效。

第三节　高职院校移动学习教学建设

目前，移动课堂建设将会成为众多高等职业院校的信息化发展目标。移动课堂技术可以应用于手机、iPad 等终端设备上，学生可以随时随地地利用手机等设备观看视频教学，非常方便。

一、移动教学资源的建设

（一）移动学习资源的常见形式

1. 网页链接浏览形式的学习资源

该资源类似于网络学习资源，即学习者通过浏览网页链接的方式所访问的学习。但与网络学习资源不同的是，在呈现方式上由于终端设备多为移动电话、pda扫描枪等，需要考虑到显示屏大小及设备的配置等因素，呈现内容一般较简洁、概括性较强，以文字、图片为主。以此，在信息内容承载量上，由于移动学习更为灵活、随时性更强，所以其承载的内容要小而精，对反馈速度要求很高，随机获取学习内容。

2. 流媒体形式的学习资源

移动流媒体的不断发展以及具备多媒体功能的移动电话设备的普及，使移动学习资源的快速生成成为可能。通过移动电话上所带的拍照、MP3 播放、视频播放等功能，学习者可以快速从网络上下载相关学习视频、音频格式资源到手机上自主学习。

3. Flash 格式的学习资源

Flash 是当前课件制作的主流技术，由于其独特的时间片段分割（timeline）和重组（MC 嵌套）技术，结合 Action Script 的对象和流程控制，再加上小巧的前台，使灵活的界面设计及动画设计成为可能。

（二）移动学习资源建设应遵循的原则

移动学习资源，尤其是用于高等职业教育教学的移动学习资源开发，一定要使所开发的资源能够满足学习者特定的学习需求。一般高等职业院校移动学习资源的开发应遵循以下几个原则。

第一，资源要符合移动学习。移动学习是学习者在"零散"时间内所进行的"碎片"式学习，而移动设备具有内容承载量较小、显示屏幕小等特点，以及正文与背景颜色符合视觉要求等。

第二，所开发的移动学习资源应快速引起学习者的兴趣，引导学习者积极投入及思考。高等职业院校的学生在一定程度上排斥知识的传授，如果仅仅是内容的简单推送，很难引起学生的学习积极性，也就无法达到教学目的。所以所开发的学习资源一定要贴近学生的生活、工作，且具有情境性。

第三，移动学习资源的开发要尊重学生的差异性。每个学生都有自己的学习习惯、学习方法及学习进度，所以学习资源一定要注意在内容的难度、分类、界面设计、语言文字等方面以考虑不同学习者的特质，即尽量达到个性化的资源。

第四，移动学习资源的开发既要支持自主学习，又要支持小组间协作学习。也就是说不仅要方便学习者自主选择内容、自行控制进度，又要使学习小组间同步或异步交流讨论学习。

二、移动学习理论的模式

（一）非正式学习理论

"非正式学习"是一种隐含式的学习，其主要是相对于正规学校教育或继续教育而言的，非正式学习源于学习者直接的交互活动以及来自学习伙伴和教师所提供的丰富的暗示信息，而这些暗示信息远远超出了明确教授的内容。非正式学习强调学习的泛在性，认为人际沟通交流的本质就是学习。

非正式学习理论为移动学习提供了可行性依据，根据学习目的确定与否以及学习的发生能否被意识到，非正式学习可划分为自主学习、偶然学习、社会化学习三种形式。自主学习指通过学习者的自主思考、阅读，可满足其个性、兴趣的需求，获得的知识更深刻；偶然学习比如聊天、网页浏览等，学习事先没有明确目的，但在学习过程中学习者意识到了学习的发生并获得了相应的知识；而讨论、人际交往等社会化学习能够使学习者在轻松的氛围中得到广泛的知识。

非正式学习与实践需求密切相关，其能够使学习者获得可即时应用于实践过程中的知识与技能，在培养工作能力方面具有关键性的作用。所以移动学习系统可以以非正式学习的特点为依据，为学习者提供交流协作的环境，使学习者通过交流、讨论达到获取知识的目的。

（二）活动学习理论

活动学习是指学习者以问题为中心组成学习团队，在外部专家与团队成员的帮助下，通过自主学习、不断质疑、交流心得等使问题得以解决的实践活动。活动理论是活动学习理论的主要思想来源。活动理论认为，自觉的学习和活动是完全相互作用和彼此依赖的，学习不是传输的过程，也不是接受的过程。学习需要有意图的、积极的、自觉的、建构的实践，包括互动的意图、行动、反思活动。

问题的界定、活动的设计与组织，以及学习团队成员之间的分工协作等方面决定活动学习的效果。但其中一个关键因素是，在学习活动进行之中，学习者能否及时地获取活动所需要的知识与信息。移动学习设备为活动学习提供了技术支持，其便携的学习终端可以充分发挥活动学习的优势，达到学习效果的最大化。

（三）移动学习模式

1. 基于网络的移动学习模式

（1）基于无线网络的移动学习模式

游戏型移动学习模式。本模式主要是在无线网络中，学习者与其他学习伙伴通过操控移动设备，以具体的游戏或故事情景激发学习兴趣，引起学习者主动、自发的学习行为。在游戏情景中不但激发了情节学习的直接兴趣，还激发了学习者任务完成后的满足感，同时在竞争或协作的学习策略中有效激发学习者潜在的求胜本能，从而更专注地学习，如图3-3-1所示。

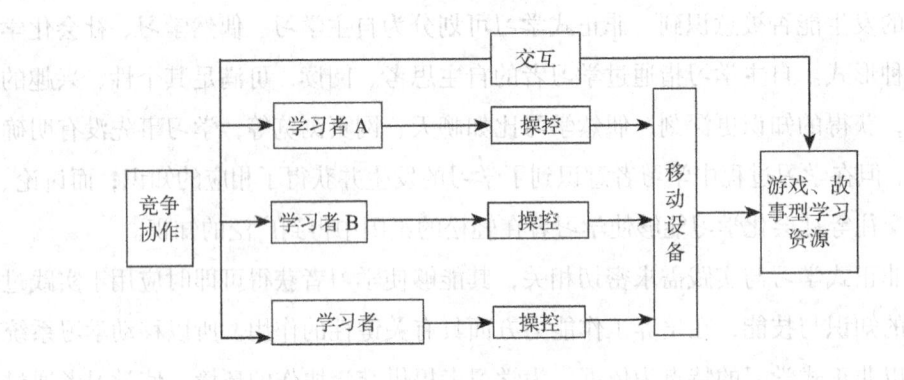

图3-3-1 游戏型移动学习模式

本模式的实现条件是具有游戏功能的移动设备及相应的无线网络（红外、蓝牙、无线互联网）支持。本模式适用的学习对象是所有学习者。

讨论型移动学习模式。本学习模式即学习者针对某一学习主题，通过选择相应的支持性学习资源，在讨论过程中进行有意或无意的学习。一方面，学习者在选择相关资源时会有相当程度地有意注意，从而进行有意的学习；另一方面，在与学习伙伴讨论过程中，学习伙伴对主题所进行的不同角度、不同方面的分析又会引起学习者的无意注意，从而进行无意识的学习。同时，讨论式学习可充分调动眼、耳、口、手多种器官，有效集中学生的注意力。

第三章　高职院校多样化教学方式的建设

本模式的实现条件是具有无线上网功能的移动设备。本模式适用的学习对象是所有学习者，尤其适合协作式学习。

（2）基于移动通信网的移动学习模式

基于移动通信网的移动学习主要介绍通过手机短信息进行学习。由于接收信息不受时间、地点的限制，且细腻的文字、优美的图片有效弥补了传统媒体的不足，为学生与学习伙伴间的互助合作提供了一个全新的学习方式。

基于智能手机所进行的短消息学习系统结构图，学习者群及教师群利用智能手机发送短消息至移动通信系统；移动通信系统经 IP 网络将数据传送到短信息服务器并对数据内容分析、处理；短信息服务器将处理后的结果返回到信息发送者的手机上，从而完成短消息学习活动。

一般基于手机短消息的学习有以下三种形式。

第一种，SMS 信息传送。SMS 信息传送的内容形式单一，包括文字、数字、符号等，短消息的存储转发功能可以在学习者不在服务区范围的情况下，将短消息存储在短消息服务中心，等待其处于服务区后再转发给学习者。另外，因为在电路交换环境中，数据是端到端的传输，加上现在大部分手机都有消息状态报告功能，可以使发送者能够明确知道短消息是否成功传送到了目标接收者手机上，这更充分保障了信息传输的成功率。

第二种，增强消息业务 EMS。EMS 是建立在 SMS 基础之上的，将文本、图片、声音、动画等融为一体的消息业务。在存储容量上要比 SMS 大很多，其图文并茂的信息内容能更大地激发学习者的学习兴趣，很受学习者喜爱。

第三种，多媒体消息业务 MMS。从 SMS 到 EMS 再到 MMS，基于短消息的学习也在不断发展，现在的 MMS 相对于以前普通的只能拥有 100 多字节长度的 SMS 来说是其 1000 倍，而且内容又包含了音频、视频片段，为学习者提供了更大更广的信息传播空间。

本模式的实现条件为：简单的文字、数字、符号短信息需普通手机；增强消息、多媒体信息需智能手机。本模式适用学习对象为手机持有者。

2.基于搜索引擎的移动学习模式

通过短消息进行学习非常简单、便携，成本也低，但其数据通信是间断的，缺乏实时指导性。而基于搜索引擎的移动学习可以使学习者根据一定的问题情境，

97

经搜索引擎快速、准确、便捷地获取学习资源,满足学习者非正式学习的需求。

本模式的关键环节是学习者将问题情境概括成搜索关键词,以便搜索到有用的学习资源,加深对知识的理解,同时还通过得到的扩展性资源达到知识的拓展。对于暂时没有最佳搜索结果的资源,学习者可通过邮箱或手机短信定制搜索任务,等待搜索引擎将搜索结果发送至自己的邮箱或手机短消息中,如图3-3-2所示。

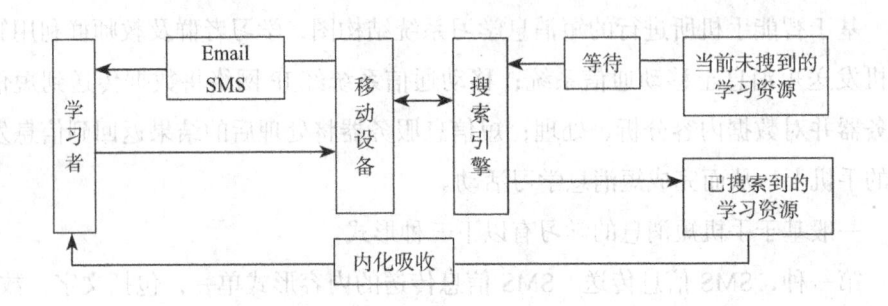

图3-3-2　基于搜索引擎的移动学习模式

本模式的实现条件为:具有无线上网功能的移动学习设备。

本模式适用学习对象:概括能力强,可从海量信息中提取有效信息的学习者。

三、移动学习在高职教学中的可行性分析

(一)高职教育的理论教学

1.高职教育理论教学的常用方法

(1)讲授法。讲授教学法是课堂教授中最常用的教学方法之一,指的是教师以口头语言表述、直观讲解等形式将要教授的知识内容系统地传达给学生的方法。

优点:教学效果直接,教师能够在较短的时间里把要传授的基础知识及技术原理系统高效地讲解、传授给学生;教学成本低廉;教师对所要传递的教学内容和所需的教学时间较易控制,灵活性较大。

缺点:作为一种"传授—接受"型的方法,其教学活动主要依赖于教师的讲解,影响了学生积极性、创造性的发挥,使学生的主体地位变得被动。而高职教

育的特殊性就在于理论与实践的紧密结合，尤其是对学生动手操作和创造能力的培养，在这方面讲授法不具有适应性。

实施策略：

讲授法宜在学习基础学科的低年级学生教学中开展。如在数控课的教学中，教师采用讲授教学法通过课堂面授，辅之直观形象的教学手段，首先开设"基础数据理论"来使学生掌握基本原理与概念，从而为之后的专业操作学习打下基础。

在讲授课程时要注意以恰当的问题情景激发学生的学习兴趣，使学生能够主动与教师配合，在积极思考问题的过程中探求新知识、掌握新内容。

善于提高课堂讲授艺术。讲授中尽量运用直观教学法，充分利用挂图、模型、投影片等教具，还要注意适当运用提问、反问、设问法使内容深入浅出、明白易懂。

（2）讨论法。讨论教学法是指在教师的指导下，学生以全班或小组为单位，围绕教学内容的某个问题，从不同角度、不同方面进行讨论或辩论，从而掌握或巩固知识的教学法。

优点：通过讨论，学生可以充分调动学习的积极性，在互动中共同学习、相互启发、集思广益、取长补短，也可在合作中培养团队精神、协作意识和能力（这对高职教育是非常重要的）。另外，讨论的内容针对性较强，学生能够对知识产生浓厚兴趣，保持长久的记忆，并在学习中激发灵感、培养创新思维。

缺点：教师对讨论过程较难领导、控制，讨论过程容易偏离主题；学生进行讨论需要具备足够的背景知识，所以学习效率较低。

实施策略：

题目选择要恰当，保证所讨论的题目是教材的重点、难点；讨论的主要内容是学生感兴趣的问题，而且题目要具体且切实可行。

教师应注意组织和指导，充分保证讨论始终围绕中心议题，朝着预定的方向发展。在讨论过程中要善于引导，鼓励学生进行创造性思维并提出独创性建议。

一定要做好讨论的总结工作。须对学生的不同观点给予明确的答复，表明自己的观点并做出正确的结论。

2. 高职教育理论教学的特点

总的来说，理论教学要为实践教学提供指导。高职教育的理论教学应定位于

"以应用为目的,以必需、够用为度,以掌握概念、强化应用为重点"。高职教育理论教学的主要特点有以下几个。

在教学任务上,以传授某一具体职业所需求的知识以及对该职业的规律性认识为主,专业课教学具有针对性与实用性。

在组织形式上,目前高职学校教育的理论教学大多采用课堂教学,教学环境也很单一。

在教学方法上,理论教学常采用视觉、听觉参与的方法。

目前,高职学校教育理论教学的主要问题还是模仿普通高等教育,文化基础课程所占比例较重;教学方法单一,缺乏现实性与艺术性;教材偏重学术性,脱离实际;教学目标上过分注重知识性目标的实现,轻视技能性目标、能力性目标、方法性目标的实现,同时也忽视对学生进行思想与心理方面的教育等。

(二)高职教育的实践教学

1. 高职教育实践教学的常用方法

(1)参观教学法。参观教学法是指以一定的教学目的为依据,组织学生到校内外一定的场所或自然界、生产现场和社会生活场所,对实际事物或现象进行实地观察、调查、研究和学习,从而获得新知识,以及巩固、验证、扩大已学知识技能的教学方法。

优点:参观可以使教学同实际生活、生产联系起来,形象、直观地将书本理论与实际工作相联系,使学生对将来就业情况及未来岗位任务和工作环境有所了解,帮助其做好职业方向选择和就业准备等工作。

缺点:组织过程复杂,参观过程控制难度大,无法保证每个学生都带着一定目的的认真地参观学习。

实施要求:

参观必须有针对性,要根据教学内容和要求进行设计、规划和组织。教师应制订周密的参观计划并使学生充分了解相关内容。

参观过程中,在保证安全的前提下,教师要对学生进行指导,同时要求学生围绕参观内容收集相关材料,并做必要记录。

参观结束后，教师组织进行总结性谈话，指导学生整理材料，写出参观总结，将感性认识得以系统化。

（2）练习教学法。练习法是学生在教师指导下，通过重复性的操作，运用已学知识解决有关问题，以深化、巩固知识，培养各种学习技能和形成良好习惯的基本方法。

优点：练习可以加深对知识的运用；通过反复练习，相应的基本技能就会达到熟练的地步，从而形成技巧；练习既可发展学生的记忆、思维和想象能力，又可培养学生克服困难的意志、严肃认真的态度和一丝不苟的精神，养成坚持不懈、持之以恒的品质。

缺点：重复性的记忆或操作容易使学习过程枯燥乏味，使学生失去学习兴趣。同时容易陷入死记硬背、生搬硬套的教学误区。

实施要求：

教师要使学生明确练习的目的、要求和掌握有关练习的基础知识。练习过程中教师要加以指导，观察、纠正学生的错误。

练习要循序渐进，先求正确，再求速度。方法上力求多变，手段要经济简化。

组织练习要因材施教，顾及个别差异，重视创造性练习的组织与指导。

教师要及时评价练习结果，使练习后达到能够应用的程度。

2. 高职教育实践教学的特点

（1）系统性。高职院校实践教学一般是按照基本实践能力与操作技能、专业技术应用能力与专业技能、综合实践能力与综合职业技能分层次递进、分阶段实施的，即实践教学既要重视对学生在做人、做事等一般能力方面的培养，又要注重学生在职业能力及创业能力等方面的提高。这样，学生才会不仅有扎实的职业知识、过硬的职业技能，而且还有较强的综合职业能力及社会适应能力。

（2）开放性。高等职业院校的实践教学，一是要面向专业开放，即教学内容要开放、教学形式要开放。必须关注行业及社会的需求，以理论知识为指导，验证、扩展专业知识。二是要面向同行开放，即师资队伍的开放，同专业教师应不断交流、切磋，共同完善教学方法及评价体系。三是要面向社会开放，实践教学的最终成果要服务于社会，应把企业、社会的检验与评价纳入教学评价体系之中。

(3)主体性。实践教学就是要以学生为主体,学生对实践教学的积极参与和主动努力是高职实践教学的固有特征,主体的实践活动也是学生职业素质形成和发展的必由之路。

(三)移动学习应用于高职教育教学的可行性

1. 理论可行性

(1)不断发展的无线通信技术(GSM、CDMA、3G、4G、5G等)也为移动学习短信息推送、手机网页浏览、实时通话交流、远程授课等提供了支持。

(2)网络环境的可用性。目前大部分高等职业院校可以为学生提供可靠的、高稳定性的网络连接服务,对于网络流量费用,学校、学生也可以接受。

(3)基于SMS、WAP、C/S的移动学习系统开发技术已经成熟,更好地实现了移动学习内容的呈现与自适应。

(4)移动流媒体技术及移动学习资源开发技术为移动学习内容的设计与开发提供了技术指导。

(5)键盘技术、触摸屏技术、语音识别、动作感知等人机交互技术的兴起,也为移动设备应用于教育领域提供了支持。

2. 经济可行性

(1)开发成本。一方面,目前一些教育服务网站可以为学生提供部分移动学习资源。另一方面,通过相关软件可以将 e-learning 数字资源转换为可在移动终端上呈现的教学资源,免去一部分资源开发的时间与费用。

(2)移动通信服务费用。教师可将课程录制为视频、音频形式,然后转换成移动终端可播放的格式,学生将其下载到手机、PDA上离线学习,大大节约了通信服务费用。

(3)管理成本。它主要是指教学管理、学习者管理、资源开发与维护管理等方面的成本。在教学管理及学习者管理方面,可依靠带班指导教师,由教师负责电子讲义、音/视频课件的转换及发布。在资源开发与维护管理方面,电子资源可重复利用性较强,高等职业院校只需较少的专业教师针对专门的技术操作,一次开发课件后便可供大批学生学习使用,后续工作只需资源的更新及维护。

3. 操作可行性

高职院校教育专业课的教授内容基本分为专业基础理论及专业操作技能。对于专业基础理论知识的传授可以通过移动终端设备，以静态图文的形式传送给学生，因为传送的图文资料是教师对教学重点、难点的高度概括，所以学生能够在更短的时间内掌握基础专业知识，以便于对原理的理解、分析与推理。

高职院校教育更多的应关注对学生实践技能方面的提高，传统教学方法难以将具体工作流程展现给学生，学生只能通过自己对材料的理解将一个个独立的、抽象的工作片断连接成操作流程，这样不仅存在学生对材料加工、理解上的偏差，而且简单的片断叠加无法使学生真正掌握操作的动态流程，教学目标达不到实际要求。移动技术在高职院校教育教学中的运用主要就体现在通过视频教学提高学生在操作技能方面的能力。动态视频教学资源指导学生的操作行为，免去了学生对材料的理解与自加工过程，将具体工作步骤及场景清晰地展现给学生以培养其技能学习。所以说，将移动技术应用于高职院校教育教学中具有一定的操作可行性。

另外，由于高职院校的学生动手能力较强，再加上大部分学生对一些移动终端设备相应功能的熟悉，只需进行一定的指导培训，即可使学生快速掌握相关软件的操作方法。

第四节　高职院校数字校园化建设

数字化校园指的是运用计算机、网络和通信等现代技术，结合教育和管理理论，打造一个虚拟化的校园环境，使学习和管理更加智能化。我国许多高职院校借助数字化技术构建了数字化校园教学体系，使得教学、学习、研究、管理、行政等各个方面都得以数字化处理，并进行了高效整合和利用。数字化校园教学系统不只是在传统校园管理功能方面进行了补充，同时也实现了教育活动的全方位信息化，使其能够打破时间和空间的限制。

一、数字化校园的概念

（一）数字化校园研究背景

21世纪是信息化的时代。计算机、网络和多媒体技术的迅速崛起和广泛应用，对人类的生产、工作和日常生活带来了深刻的影响。随着信息技术的不断进步，人类社会正在持续进化，从而迈向更加先进的阶段。现代化建设的重要组成部分之一就是信息化。

随着信息技术的日益成熟，人们的职业和生活方式也在不断变化。同时，教育和学习方式也正在发生改变。校园数字化的显著之处在于将现代教育的理论和思想与多媒体、信息、网络和人工智能技术无缝融合。实践数字化校园所带来的影响是全方位的，它从根本上改变了教育教学的思路和培养人才的方式，同时也推进了教学内容、方法以及学习方式的创新。

目前，在计算机和通信技术的不断发展下，高职院校数字化校园建设已经取得了显著的进步。最近几年来，随着国家对"211工程""985工程"和相关计划的大力推广，高职院校在网络软硬件基础设施和应用系统的建设方面已经有了明显的进步。由于校内外人员参与网络应用的越来越多，涵盖了教师、学生、职工等各类人群，网络用户数量不断增长。这归功于优秀的网络应用基础设施，可为在线教育、科学研究和管理等多个领域提供优质服务。

我国的高职院校对信息技术的需求一直在快速发展和提高。因而，高职院校的教学质量和声誉，需考虑其信息化水平的高低。数字化校园建设是高职院校信息化建设的核心。

（二）数字化校园的含义

凯尼斯·格林，美国克莱蒙特大学著名教授，于1990年开展一项名为"信息化校园计划"的大型科研项目，率先提出数字化校园的理念。

虽然数字化校园正在快速发展，但在全球范围内，无论是在国内还是国外，都尚未对其有明确的定义。数字化校园是一种虚拟教育环境，利用网络技术和计算机，通过收集、处理、存储、整合、传输和应用信息，使科研、教学、管理、生活服务和技术等方面的数字资源得到优化并得到充分利用。利用数字化技术，改善学校的环境，增大学校资源的使用范围，增加学校服务的多样性，提高学校的运营效率，达到全面的教育信息化的目标。

一般来说，可以将对数字化校园的理解划分为两种，一种是狭义的数字化校园，而另一种则是更广义的数字化校园。

在此处着重探讨数字化校园的狭义定义。数字化校园是指通过应用服务系统，如一卡通、教务管理、财务管理、协同办公等，使学校管理、教学、财务等多个方面实现数字化、智能化、数据化的现代化管理方式。数字化校园的狭义观念只注重数字化校园的各个方面，比如环境、资源和活动等，却无法制定统一的管理规划，也不具备将各种应用整合和集成的能力。因此，可以认为这是数字化校园发展的开始。

广义的数字化校园是利用计算机、网络和通信技术等工具，全面实现学校在教学、科研、管理和服务等方面的数字化改造。通过整合和集成信息资源的有序方式，建立一个统一的用户和资源管理系统，实现针对内外方向的虚拟校园建设，并实现权限控制机制。

我国高职院校信息化专家将大学信息化发展过程分为四个阶段：首先是实现校园网的系统集成；其次是进行应用系统集成；再次是将内容和流程整合成个性化信息集成，以便为全校的教师和学生提供服务；最后，通过密切联系传统校园、教育管理机构、科研合作单位、银行、通信运营商、用人单位和社区，以实现社会集成，全面实现信息的整合与共享。

二、数字化校园建设的目标和原则

（一）数字化校园建设的目标

数字化校园建设旨在利用先进的信息技术工具和方法，将学校内的各种资源、管理和服务流程数字化，以实现校园生态网络化、数字化资源、智能化应用和多媒体展示等目标。打造一种数字化的支撑平台，以促进教学、科研和管理效率的提升。此外，建立一种网络学习和资源平台，该平台必须符合职业教育和教学规律，并能够适应高职教学的特点。运用网络教学平台和计算机辅助教学的优点，改革传统教学方式，以提高教学的水平和质量。为了满足每个教职员工在各方面的独特需求，需要整合和优化不同部门之间的业务流程，以提供领导层所需的决策支持和信息服务。

根据阶段性目标，将分阶段实施具体的建设计划。数字化校园建设旨在优化数字化校园的基础设施，解决数据共享方面的障碍；提升教务信息管理系统，投入更多技术和资源，精心设计学生信息管理系统、教职工信息管理系统和成教信息管理系统。主要建设内容包括定义数据规范并建立数据集，以便不同业务系统之间能够进行数据共享；建立一个可持续发展平台，借助一体化信息门户、身份认证和数据中心基础设施的支持；进行应用系统的开发、改进和构建；整合现有应用系统的模块；制定数字化校园运维管理的规范和制度。

（二）数字化校园建设原则

数字校园平台的建设坚持"整体规划、分步实施、结合校情、抓住重点"的指导思想，遵守以下原则。

第一，可靠性。数字化校园综合管理平台在高职院校中是至关重要的，因为它维护了整个学校日常管理的有效运行。因此，为确保整个系统能够持续运行并且不会受到局部故障的影响，这个平台需要使用稳定的集群技术和备份技术，来提高容错性、可靠性和数据处理能力。

第二，标准化。高职院校数字化校园综合管理平台遵循行业内普遍采用的规范和标准，包括基础设施和各应用系统。同时，该平台也符合标准化原则，能够在各种主流的软硬件环境中运行，不需要特定的网络、系统软件或硬件。此外，平台还进行了系统集成和数据整合。

第三，先进性。开发数字化校园综合管理平台需要综合考虑多种因素，包括采用先进的技术、前沿的理念和成熟的设计方法，密切关注信息技术的最新发展趋势，确保平台能适应快速变化的环境。

第四，实用性。在打造数字化校园综合管理平台的过程中，应立足学校实际需求，注重实用性，确保设计理念贴近实际。以最小的成本获得最大的效益，同时确保能够达到学校数字化校园综合管理平台建设的要求。

第五，开放性。高职院校数字化校园综合管理平台必须具备与其他系统互通和适配的能力。确保身份认证的统一性，构建信息门户，并促进公共数据的交流共享，将多个应用程序和各种信息资源集成到一起。

第六，稳定性。为了保持数字化校园综合管理平台的稳定性，需要确保系统可以持续地稳定运行，并且故障发生的时间间隔大，无故障时间长。

第七，可扩展性。数字校园的管理平台必须具备良好的可扩展性，通过使用规则引擎进行简单的配置，以适应管理模式、组织机构职能和业务流程的变化，并能够快速满足各种需求。

第八，易升级性。高职院校数字化校园综合管理平台引入先进的技术，采用版本控制和更新包机制，使得升级整个平台或单一功能更加便捷高效。

第九，安全性。数字化校园综合管理平台的安全运行对于高职院校来说至关重要，必须高度重视，以确保平台的可靠性和稳定性。需要建立全面、多层次、完整的安全保护机制，以保障学校内部部门之间传输和存储敏感数据时的安全性。为了保证系统的安全性，需要根据基础设施和各应用系统的设计原则，针对不同情况制定相应的安全措施和策略。

第十，保密性。高职院校数字校园综合管理平台实施身份验证、角色定义和权限分配等措施，以限制用户仅访问与其相关的信息和服务资源。

第十一，可管理性。数字校园综合管理平台在可管理性方面表现优异，不仅能够降低运行维护成本，还能使平台管理员和运维人员的管理工作更加简便，提高工作效率和便捷性。

三、高职院校信息化建设现状与需求分析

（一）学校信息化建设现状

某职业科技学院使用百兆专线将其校园网与中国教育和科研计算机网（CERNET）相连，根据网络结构的设计，采用了星型拓扑。以网络中心机房作为起点，在各个建筑楼节点间延伸主干网，实现了对各个部门的全部覆盖。为了实现网络的动态管理和虚拟局域网，主干网采用了 H3CS9508 交换机作为核心交换机，该交换机具备三层交换和网络监控模块。每个建筑都使用 Cisco 3550 交换机的网络，这些交换机能够建立端口、VLAN 和 IP 地址之间的连接。为了实现网络主干通道的负载均衡，它们利用了 1000Mbps 单模和多模光纤与网络核心机房

相连。此外，这些交换机还能够满足不同建筑物对于交换机端口数量、网络性能以及稳定性等方面的各种需求。现在，校园网络已经初具规模，成功地解决了院内部门、软件园和教师家属区的网络使用问题。

网络中心机房内存放着10台HP专业服务器、超过20台性能卓越的浪潮服务器、1台规模较小的曙光机，还有2台高速磁盘阵列。这组服务器包括许多不同领域的设备，例如：Web、FTP、数据库、电子图书、邮件、动漫渲染、上网管理、考勤、教务管理、电子商务、校产以及VOD等。利用多层交换网络打造了一个校园网络平台，集成了各种网络应用，如计算机多媒体辅助教学、电子化图书馆以及教学管理自动化办公系统。

经过多年的不懈努力和大量的投资，该校已经成功地打造了一套较为完备的基础网络服务和校园网络系统。这为推动校园数字化建设奠定了优良的软硬件设施基础。各个部门已逐渐引入各类网络学习平台、教务管理系统、数字图书馆与人力资源管理系统等软件，同时积累了许多数字化资源。然而，当前的应用系统都坚持独立设计理念，以迎合不同单位和部门的工作流程要求，缺乏统一的规划和一致性考虑，因此面临以下困境。

一是多重身份认证体系，使用不方便。目前，每个应用系统都在单独地处理和维护用户信息。这就意味着，使用这些系统的师生需要记住不同的网址，并且需要使用不同的用户名和密码才能登录。这种方式不仅复杂，还让用户体验受到了很大影响。

二是信息标准不统一，数据重复录入，数据统计失真。许多系统因缺乏统一的信息标准，而无法从其他现有的数据系统中提取所需数据。由于各部门的数据统计方式存在不一致性且数据重复录入的情况较为普遍，目前的系统无法提供精准的数据。这种情况给领导的决策分析带来了挑战，同时也对教学和管理等工作的开展带来了消极的影响。

三是数据无法有效共享和交换，各部门协作效率低。目前的应用系统存在一个问题，缺乏整体规划，导致各系统彼此独立运行，各自维护着独立的数据库，缺乏联系和互动，数据难以共享和传递，因此造成了资源的浪费。由于缺乏足够的数据共享机制，不同部门之间无法高效地共享数据，只能通过发送电子邮件或手动传递数据来处理此问题。

(二) 数字化校园建设的具体需求

为了满足当前校园建设的需求，数字化校园项目必须满足以下条件。

首先，需要建立一个综合的信息门户平台。这个平台应当开放，能够方便地分享信息、发布信息，同时提供多样化的应用服务功能。

其次，为了满足学校在科研、教学、办公以及后勤服务等方面的需求，需要建立能高效运作的业务管理信息系统，并配备最新的校园网硬件设备。

另外，应该创建一个共同的身份验证系统，使得每个教职员工和学生都能通过唯一的登录口进入平台，实现身份信息的集中管理。统筹管理、控制权限，并对全体校内用户进行身份验证，以增强系统的安全性和管理效率。

再次，创建一个共享的基础数据库，将数字化校园应用和其他相关业务数据整合在一起。根据"谁产生、谁维护、谁负责"的原则，制定学校数据中心的操作规程。

从次，要制定一个信息化建设规划方案，以建立一个信息标准规范体系来规范学校的长期建设。

最后，确立数字化校园的安全标准、规章制度和人才队伍，以保障其可靠、安全运行。

四、数字化校园信息标准与管理规范

(一) 信息标准建设

1.信息标准化建设的意义

信息标准化和数字化校园建设是应用系统集成的基础要素。为了使学校内各部门的数据能够相互传输和转换，需要使用符合标准的编码方式进行数据表示。目前，高职院校在制定信息系统编码方案时，可以考虑采用多种标准，例如国家标准、省级标准、行业标准或校内标准等。但通常情况下，高职院校主要遵循教育部制定的用于高等学校管理信息的规范标准。数字化校园的实现依靠这些标准来指导。在编写信息分类编码规范说明书时，应确保各标准之间保持一致并相互适应，这样可以有效地集成不同部门的信息系统，方便信息系统的互通。

2. 校园用户身份信息的统一

在数字校园建设的过程中，需要解决系统中以下问题：人员信息的缺失问题，比如性别、身份证号等必要的个人身份信息缺失的情况；一些账户在多个应用系统之间进行了多次关联，存在没有办法辨别身份的情况，可能由于缺乏学号或身份证号，或出现姓名相同的情形；各个应用系统所采用的人员编号互不相同；不同系统之间的账户信息更新无法互相同步，即使该学生已经毕业，他/她仍然有权利在学校图书馆借书；不同的应用系统使用不同的术语表，比方说，这位学生所属的学院部门可以是"电气系"或"电子系"，身份平台将直接受到这些差别的影响。

因此，为了标识学生和教职工的身份，学校必须设立学号和教职工号。对于不同的应用系统，需要将系统内的员工编号映射成同一个身份编码。这样一来，身份库里的每个人都只对应一个独特的编码。

3. 信息编码规则及实现

信息编码的作用是通过给事物或概念赋予规律性，并使用有序的符号，使其易于人和计算机去辨认和处理。编码可以为特定的对象分配唯一的标识符，以提高信息处理效率、促进信息交流并支持信息资源的共享和利用。

制定一组统一的信息编码规则，以标准化学校的数据记录，并保证数据的一致性，以便数字化校园数据平台进行共享和各应用系统进行信息交流。例如，学校内部会制定校区、部门、教职工、专业、班级和学生等的编码体系。为了有效地管理基础数据，应当遵守通用的标准代码，如各国的地区代码、不同民族的代码、性别类别代码、户籍和出生地代码、政治面貌、学位类别代码、学科分类代码以及专业技术职务代码等。

在实行信息编码标准之前，需要先调查学校所有相关部门，并通过文档、表格等方式对收集到的信息进行分类整理。接下来，需要提交申请给学校信息化部门，并进行广泛的宣传，在全校范围内推广信息编码处理的标准和方法。

（1）制定信息编码规则需要注意以下原则。

唯一性。在一种分类编码系统中，每个物品都被分配了一个独特的编码，每个编码都对应着一个具体的对象。

可扩展性。为了满足不断增长的需求，代码结构需要能够容纳越来越多的同类编码对象，并提供足够的备用码以便为新的编码对象留出空间。

简单性。若想提高代码的处理效率，降低错误率并节约存储空间，应保持代码结构的简洁明了。

规范性。在一个信息编码标准中，代码的分组、构造和编写方式应当一直保持相同。

适用性。为了使记忆和编写更方便，应尽量反映所分类对象的特征。

合理性。程序的组织结构需要与所涉及的类别体系相匹配。

（2）信息分类应注意以下基本原则。

科学性。选择分类对象最稳定的属性和特征来作为分类的基础和依据。

系统性。将指定对象按照其内在的相关性进行有条理的分类。

可扩延性。为了保持现有的分类系统不受新事物和概念的干扰，应创建能够收容它们的新类目。这为进一步拓展和细化分类体系创造了条件。

兼容性。符合相应的分类标准，包括国际、国家和机构的信息。

综合实用性。要让系统达到最佳状态，需要运用系统工程的方法将解决局部问题的过程整合到整体系统中，尽量满足各个部分的实际需求。

除了开发信息代码标准之外，还需制定良好的数据交换标准。它最重要的任务是确立和明确学校数据交换的标准格式，使得各个系统之间能够方便地共享数据。高效的管理工具能对学校的数据标准进行管理、追踪和完善。为了确保公文管理的标准化工作，并方便电子公文的管理和交换，需要制定符合中国国家电子政务的电子公文标准，明确公文文档数据格式规范，以实现公文的统一存储和处理。

（二）数字化校园管理规范体系

数字化校园系统是一个由多个部分组成的复杂而高效的整体，其中包括硬件设备、网络传输环境、应用程序、数据库、管理人员以及各种数据信息。为了促进学校教学、科研和管理的发展，遵照学校管理规定和数字化校园建设要求，确立数字化校园系统的管理规范体系至关重要。

1.组织结构

在校园数字化建设方面，需要对校园各部门进行调整和人员进行优化，这是一项复杂而漫长的任务，因为这些问题都非常敏感。为了确保数字化校园建设的顺利进行，需要由主要负责人牵头成立一个明确责任的团队。该团队应包括数字化校园建设领导小组、数字化办公室和技术工作组。

数字化校园建设领导小组将收到技术工作组针对数字化校园系统的核心技术框架和关键技术难题所做的研究报告。最终的决策权将属于领导小组。数字化校园建设领导小组负责监督数字化办公室的日常运营。

2. 岗位设置、职责及任职要求

岗位任职人员应当具备优秀的职业素养、高超的业务技能和专业知识，对工作兢兢业业，具备出色的团队合作能力。同时，这些员工还应该体现良好的服务态度和职业道德。当工作人员离职时，必须按规定程序办理离职手续，并遵守签署的保密协议，同时归还所有相关的技术资料。

（1）系统维护员的职责与要求

职责：对计算机硬件设备的维护与保养，以及网络系统、操作系统、备份软件的日常维护操作；不时地对硬件和软件进行检查以确保其正常运行；搭建、测试及优化系统运行环境。

任职要求：需具备日常维护相关知识，并了解所负责的硬件设备和软件系统。拥有精通JES、WebLogic、Websphere等软件操作和维护的能力。

（2）数据库管理员的职责与要求

职责：涵盖了维护基础数据、解决数据库系统故障、优化数据库性能、定期备份数据以及在紧急情况下迅速恢复数据的任务。

任职要求：应聘者需具备实际的Oracle配置、管理和维护经验。具备高效的数据维护能力，熟练运用PowerDesigner、PL/SQL、ToadOracle等数据库工具。具备操作数据库所需的技能，包括熟悉数据库客户端和管理控制台等工具的使用，能够熟练地进行数据库操作。

（3）业务系统管理员的职责与要求

职责：负责监控和管理业务系统的运营，以确保其顺畅运作。在为用户授权的同时，设定相应的配置项。为使用该系统的师生提供技术支持和协助。

任职要求：在应聘时，必须具备基本的电脑操作技能，还需熟练掌握相关业务系统的运用。

3. 系统维护管理

（1）记录系统维护的时间、内容和效果等信息是系统维护员、业务系统管理员和数据库管理员必须要执行的重要操作。

（2）应避开系统使用高峰期进行大批量数据导入和导出的操作，修改基本信息需要遵循学校信息规范的要求。

（3）根据"管理者应尽职责"的原则，数据维护必须事先获得授权，未经允许而进行修改将被视为违例行为，学校将会采取严厉的惩罚措施。

（4）除非得到业务系统部门授权负责人的特别允许，其他用户不得启动超出其权限范围的功能。保护业务数据和信息的机密性，防止它们外泄。

五、数字化校园应用系统建设概述

数字化校园建设的一个重要方面是创建功能齐全、先进实用的应用支撑系统。这些系统覆盖了多个领域，如办公自动化、科研管理、学生管理、人力资源管理、资产管理、财务管理、图书管理、后勤服务管理、门禁管理、在线学习平台、教学评估、成人教育管理和留学生管理。高职院校利用信息化系统，可以更加高效地处理各项任务。必须对学校的各项业务内容进行综合规划，并开发多个相应的应用系统，以满足教学、科研、管理和服务等各个方面的需求。首先要对需求进行分析，然后根据数字化校园平台的标准和规范，开发软件，将各项数据整合并进行系统集成。

六、协同办公系统建设

（一）建设目标

（1）采用先进的 Web 模式进行管理。克服获取大量数据和繁琐的审核流程所带来的困难。

（2）灵活高效的工作流程。文档的行文流程可以由用户自主处理，包括但不限于对各个步骤的流向、授权范围以及如何应对流程阻塞等方面进行自由调整，因此必须具有极高的灵活性。

（3）基于公共数据库构建系统。通过使用公共数据平台，办公自动化管理系统实现了与其他部门最大程度的信息共享。

（4）检索、查询方便。该功能具备对资料进行分类和建立索引的能力，使用户能够根据不同的分类方法和多种查询方式快速地检索和查询信息资源。

（5）广泛的接口形式。与各业务系统紧密融合，并充分利用现有的各类基础数据。

（二）建设内容与功能需求

1. 信息发布

（1）文档草稿。在新闻和通知公告方面，建立一个具有可编辑，部门审核、发布和检索等功能的文稿系统，并设定访问权限以控制文稿的访问范围和安全性。

（2）信息管理。整理分类表，修改内容并重新整合排序。

（3）信息模板维护。对信息模板进行定期检查和更新。

（4）信息审批。所有文件必须经过审核，并在审核记录中记载意见，以备展示。

（5）退稿列表。自动收录所有未经批准的信息。

（6）信息发布流程管理。为本部门设计一套，满足需求的信息传递方式。

（7）流程查看。对校内公共信息发布的审核制度进行评估。

（8）个人处理信息查询。检索已经处理过的数据。

（9）部门处理信息查询。检索已经处理完毕的本部门信息。

（10）全校信息查询。获取校园内的所有信息数据。

（11）新闻信息。这个过程包含撰写新闻内容，进行初步审核，等待党政办的批准后发表和传播，收集统计信息，生成报告并提供检索服务。文字编辑器、图片上传和附件添加功能非常方便易用，可以随时发布各种新闻和信息，轻松将内部刊物数字化。

（12）通知公告。此流程包括制定通知公告、经过部门审核、获得党政办批准以及发布公告等环节，同时还提供了信息传递和查询服务以方便用户使用。

（13）通讯录。该服务允许用户查找学校各部门、各学院的电话号码，并提供其他相关学校常用电话号码的信息。

（14）校历管理。它包含安排和审阅学校的校历时间表，以及告知学校有关假期和法定节假日等问题。

（15）统计公告。

（16）电子论坛。

2. 公文处理

（1）发文管理。在该模块中，用户能够使用多种功能来完成公文的起草、处理和状态查看。通过使用自动化程序，可以对文件进行语言识别、编号排列和公文登记簿的生成。一旦领导签署，系统将按照文件规范自动生成带有红头的文档。在文件流转的过程中，可以随时执行打印操作，同时自动将领导的签批意见嵌入到文件中，并保存审批记录。

（2）收文管理。它涵盖了文档登记、编写草案以及文档查询等步骤。将文件进行数字化扫描并进行文本识别，然后将识别后的文本导入到Word文档中。在处理过程中，可进行转移、撤销等操作。各办理人在系统中的处理时间、处理日期和处理意见都将被自动记录。

（3）校外来文管理。在系统中登记所有收到的来自校外的信函，不论是以纸质或电子形式发送的。此流程包括文件登记、起草处理意见、领导审批、转移任务和查询收文等。系统会自动记录每位处理人的处理时间、日期，还有他们所提供的处理意见，随时将收文纸打印出来。

（4）校内来文。该模块的目的是将各部门的公文进行连接、串联。

（5）公文配置信息。制定一组用于本部门公文文号和流水号的编号规则，使系统能够自动为公文文号和流水号进行编号。

（6）公文模板维护。维护公文模板的更新和监管。

（7）公文流程管理。查询本单位和全校的公文处理程序。

（8）流程查看。查看学校的整体运营和本部门公文处理过程。

（9）公文查询。为公文提供可针对不同类别进行检索的功能。

（10）文件柜管理。该系统包括文件存储和访问的组织和规范，并提供了自主设计文件管理的灵活性。与学校现有的档案管理系统相结合，以此达到自动分类和归档的目的。可以利用层级式的文件管理模式，建立多个文件库，具备多样化的管理工具，支持多种权限控制和访问方式。

3. 日常办公

（1）消息中心。它涵盖了在线短信、手机短信以及各种提醒方式。

（2）人员去向。此系统包含员工活动记录和其他部门员工的位置查询。

（3）个人日程安排。创建一个日程安排，包括每日、每周和每月的计划，并且可以查看或更改安排。

（4）名片管理。建立一个通讯录，以便轻松管理个人和组织之间的联系信息。

（5）会议室管理。这个模块可以让用户提交会议室申请、接收审批结果，并且浏览会议通知。为了提高任务处理的效率，用户能够运用多种工具，例如会议登记、会议室预约、会议记录以及会议提醒等。可以启动会议室使用的批准流程；对会议室资源使用进行监控。可以让个人日程表自动同步会议提醒，以确保及时收到通知。

（6）工作便笺。一旦有新消息进入系统，它会以小信封的通知形式展现出来。

（7）共享文件管理。利用这一模块，用户能够有效地对共享文件进行控制和维护。平台可以获取学校、部门和学院发布的各种规定、重要事件记录和常用文献。此外，还会根据用户的角色，让他们更加灵活地使用和分享资源。

（8）请示报告管理。这个过程包括以下步骤：起草请求报告，备案于党政办公室，拟写办理意见，征求相关部门意见并让其签署，经领导批准后办理，转交到相应职能部门进行处理，最后反馈处理结果。

（9）接待管理。这个流程涉及安排接待活动的日程安排、跟踪和检索参与者的信息、提醒接待任务，以及提交接待信息等事项。

（10）值班管理。这个任务既需要负责学校的全天候值班工作，也需要在假期时段负责特定部门的值班工作。任务包括填写值班表格、记录值班情况以及批准调班申请。此外，还需要对当日值班人员进行提醒，并及时更新值班记录。

（11）信访管理。它涵盖了对来访和来信进行登记、管理、处理并反馈处理结果等流程。

（12）考勤管理（中层干部）。它包含了请假、向领导提交申请、等待审批、销假、查询在岗人员情况以及出勤统计等多种功能。

（13）介绍信管理。这项任务涵盖了起草、审核和记录介绍信使用审批单的过程。

（14）印章管理。它包含了起草、批准以及登记印章使用的审批单的整个流程。

4. 归档文件管理

（1）档案设置。使用本系统时，用户有权限自行制定档案编号的格式，同时也可以添加自定义的档案信息和类别信息，以适应不同学校的要求和实际情况。

（2）档案类别列表。用户可以自主地创建个人档案分类，包括但不限于行政档案、教学档案等不同分类。

（3）档案列表。公文流程处理完毕后，系统将自动进行"归档"操作，将公文储存到档案列表以及对应部门的部门档案列表中，以执行归档操作。所有校内文件可供浏览，然而仅有该部门的文件清单能呈现该部门的文件。此外，学校的记录管理员有权增添新的学校纪录。

（4）档案借阅列表。在文件存档后，个人可以租借文件。与学校档案管理员联系，请求借阅相关档案。

（5）部门档案列表。本部门的档案清单将会列出已完成"归档"流程的文件。

（6）部门档案借阅列表。到某部门管理员处申请借阅档案。

（7）个人档案借阅列表。列出个人的档案借阅记录。

5. 系统设置

这项功能定位于服务校级管理员，旨在针对学校的具体需求进行个性化配置，包括栏目管理等方面的设置；建立一个接收密码的电子邮件地址；安排公司的组织结构。

6. 用户设置

用户可以根据个人使用习惯进行定制设置，包括自定义栏目管理；设定提醒通知功能；设定快速填写审批意见功能；调整电脑桌面显示设置。

七、学生工作管理系统建设

学校数字化平台整合了学生事务管理系统，实现了数据共享功能。此平台还提供了开放的数据接口，以方便其他系统与其进行集成。在数字化校园建设中，它是必不可少的组成部分，覆盖了与学生有关的各个领域，但不包括教务领域。学生工作管理系统是一种网络应用程序，它为学生事务部门的教师、学生、各院系的教师、辅导员和班主任等提供了一个集中处理各种学生事务的在线平台。这一系统可以促进学工部门与其他职能部门之间的信息共享，从而提升学生管理的效率和水平。此工具不仅提升了管理层的决策能力和办公室的透明度，还有助于培养高素质的学生工作管理团队。

该学生工作管理系统包含了多个子系统，其中包括学生信息管理、奖惩评比、在校打工、思想政治教育团队管理以及其他事务管理。系统要求有明确的权限控制，并能够支持 Excel 数据的导入和导出功能，以方便操作。

（一）学生信息管理

1. 功能概述

（1）把搜集来的资料和校内档案中的信息输入招生系统，以及更新未完成报到手续的学生信息。

（2）使用特定的标准筛选学生信息，并将其摘要和图形化展示。

（3）学校的教务处能够提供学生的学籍和课程成绩记录，如果有学生离校、退学或者完成学业，这些记录将被整理成归档信息并归入学生档案。

（4）根据要求，筛选并输出必要信息，同时保存所有操作记录。

2. 主要模块

主要模块涵盖系统设置、个人资料、资料修改、审批处理、信息查询、统计数据和档案管理等方面。

3. 主要涉及信息

（1）个人信息。个人信息的范围很广泛，包括但不限于姓名、性别、学号、所在学院及班级、身份证号、银行账号、手机号码、出生日期和政治面貌等多方面的内容，并且可以方便地进行查看和调整。除此之外，也涵盖了个人的出生地以及原籍信息。

（2）家庭信息。可以浏览和修改个人资料中的住址、邮编、与家人联系方式和主要社交联系人等详细信息。

（3）学习信息。若要全面了解学生的学习情况，还需考虑以下因素：教育体系和学籍相关的变化，比如转专业、转学、休学、缓读、试读和退学等情况。以及每个学年（学期）的综合知识和智力水平表现。此外，教务处还将发布警示信息，以便向学生传达相关信息。

（4）缴费信息。学生费用管理涉及催缴未缴费用和整合已缴费用，需要提醒未缴费或已暂缓缴费的学生，并汇总学费欠缴情况。对于已经承诺了缴款日期的学生，要及时进行提醒。

4. 主要内容

（1）个人信息。以类别为基础，显示所有与当前登录用户相关的信息。

（2）信息查询。设定各种查询参数，并展示查询结果。

（3）信息统计。进行条件设定的统计，并绘制相应的图表。

（4）档案管理。收集个人相关信息，建立数字档案，将档案数据传输到档案库和管理系统，并能够进行打印输出。

5. 信息管理基本流程

信息管理基本流程如图 3-4-1 所示。

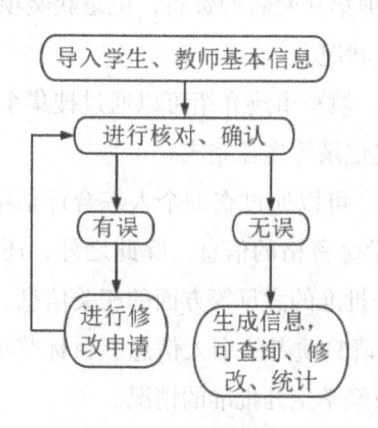

图 3-4-1 信息管理基本流程

（二）评奖评优

1. 功能概述

运用教务处提供的学年综合测评数据进行分析，确认学生的年度综合测评成绩和排名，立即审批学生的奖学金和荣誉称号申请，确定符合获得奖学金和荣誉称号的资格标准，支持提供能导出成绩报表至 Excel 的功能。

2. 主要模块

条件设定、综合测评、奖学金申请、奖学金发放、荣誉称号申请、申请信息查询、审批、统计分析。

3. 主要内容

（1）条件设定。需要明确定义奖助学金的名称和金额、获奖者的比例，以及荣誉称号的类别（校内/专项）。此外，也需要明确申请条件和要求。

（2）综合测评。记录学生的品德素质成绩，同时检索学生的认知能力成绩、英语四六级考试表现和计算机等级证书情况。统计学生未及格的科目数目，并纪录学生是否参与数学建模等活动。将额外获得的分数（如在比赛和社会活动中获得的）加入总成绩，并根据排名确定德育、智育和综合排名，制作班级或专业排名表。

（3）奖学金申请。自动搜集奖项信息，评估个人能力，归档已获奖项记录，确定符合申请条件，并撰写获奖事迹的申请介绍。

（4）奖学金发放。搜集获奖者的资料，记录获奖项目名称与资金发放情况，并可随时修改或查询发放状况。

（5）荣誉称号申请。填写事迹介绍可以通过搜集个人申报奖项的基本信息、个人综合测评信息和获奖记录等途径完成。

（6）申请信息查询。可以通过查询个人综合评估结果和奖项申请情况，来获取关于个人荣誉和奖学金资格的信息。除此之外，还可以获知有关学院审核、学生事务处审批以及未经批准的意见等方面的相关信息。

（7）审批。浏览申请奖项者的个人信息、目标奖项、提交的文档材料、经过学院审核的情形，以及经学生处批准的情况。

（8）统计分析。定义筛选条件，并进行分析和可视化呈现数据。

（9）登记表和证书打印。创建获奖者登记表并根据条件导出并打印。

（三）勤工助学

1. 功能概述

公布提供兼职工作并支持学习的职位信息，发布职位申请，验证并检查所提供的申请信息，寻找与困难生工作相关的信息，分发助学就业报酬。

2. 主要模块

包括发布岗位信息、对相关岗位的申请情况、发放工资涉及的信息、对信息的查询及数据分析等方面。

3. 主要内容

（1）岗位发布。发布关于协助学生就业的招聘信息，明确符合条件的应聘者要求，包括用人机构、信息发布时间、工作班次、招聘人数等。

（2）岗位申请。需要提供个人基本信息以申请职位，包括但不限于学生编号、姓名、性别、专业班级信息，同时还需填写是否来自贫困家庭以及可用于勤工俭学的时间，并在查询职位发布状态后进行申请表填写。

（3）工资发放。核实工作时间、工作量和薪酬标准，并生成薪资详单和总薪资报表。

（4）审核。审核信息，对未被核准的信息提供具体原因。学生们可以获得审核通过的职位信息的互联网查询权限。

（5）信息查询。通过检索指定关键字，选取信息并导出、编辑或打印。

（6）统计分析。进行数据汇总并根据条件分类，采用图表展示分析。

（四）思政队伍管理

1. 功能概述

获取辅导员基本信息，可通过连接到 HR 系统或手动输入；确定辅导员的管理职责，对辅导员的工作表现进行评估；申请先进荣誉称号及其审批程序；对工作进度进行记录。

2. 主要模块

主要模块有辅导员信息、班主任信息、工作内容设定、队伍考核、评奖评优、审核、信息查询和统计分析。

3. 主要内容

（1）辅导员信息。查看和修改辅导员的工作和培训记录信息。

（2）班主任信息。审阅并更新班主任的工作进展和培训纪录。

（3）工作设定。设定每位辅导员所负责的班级和工作职责并记录。

（4）队伍考核。设计评估方案，对辅导员和班主任进行绩效评估，明确评估内容与权重，记录评估结果并生成考核报告。

（5）评奖评优。根据填写的项目自动产生申请者的基本信息，并填写相应的申请内容。同时，还可上传文本事迹材料。

（6）审核。审核必须经过批准的数据，对未被核准的数据，说明未通过的原因。

（7）信息查询。利用关键词查找资料以实现数据提取、修改和打印。

（8）统计分析。对数据进行分类和整合，接着采用图形化的数据展现方式进行深入分析。

（五）其他事务管理

1. 主要功能

提供学生在校的证明文件，进行国外旅行的行前手续审批和办理，租借场地。

2. 主要模块

主要模块有在校证明、出国手续、场馆借用、请假申请和审核。

3. 主要内容

（1）在校证明。创建必要的证明信息，然后将证明打印出来。

（2）出国手续。完成所有必要的文件和流程以申请去国外的手续。

（3）场馆借用。可以通过在线填写申请表格的方式提交场馆借用审批申请，从而将审批流程数字化。

（4）请假申请。填写假期申请表，然后提交以进行审批程序。

（5）审核。创建待审批的信息，进行审批，并提供未通过的反馈意见。

（6）信息查询。利用关键字搜索信息，进行导出、编辑和打印处理。

八、校园一卡通建设

（一）校园一卡通的定义

在数字化校园中，一卡通系统扮演着核心角色，它具有身份认证、校务管理、校园消费以及金融服务等多重重要功能。因此，校园网络建设是该系统成功实施的基础。它不仅是数字化校园系统的基础工程和重要的组成部分，还是支持院系教育信息化建设和促进数字化校园工程发展的关键入口。一旦校园一卡通系统建成，便能够打造出一个数字校园信息平台，它不仅可以跨平台、跨数据库，还能自我发展。

为了推进数字化校园建设，必须将校园一卡通纳入整体规划设计，并在校园网络基础上进行设计。除了消费功能，一卡通还需要能够进行身份识别和校务管理。保证一卡通系统与其他应用系统（如数字图书馆系统、办公系统、教务系统等）之间的连接和数据共享，这是实现数据集中和应用集成的必要条件。

校园一卡通系统的设计不仅简单地将各单个功能系统组合起来，更注重解决"信息共享"和"集中控制"的问题。要达成这个目标，必须对整个系统进行规划，包括但不限于统一的数据、网络基础设施，并确保数据传输的安全，以进一步提升各个应用子系统的智能化水平和工作效率。

（二）校园一卡通建设

1. 一卡通管理中心

一卡通管理中心包括平台管理、人事中心、卡务中心和结算中心四个子系统。平台管理涵盖一系列职责，其中包括但不限于调整系统参数、监管操作员、设置卡片种类、管理结算账户以及工作站等多个方面。人事中心的职责涵盖了以下方面：录入和导出部门及员工信息，维护员工档案和照片，以及制作员工人像卡。在卡务中心，负责掌管用户卡片的发放、充值主钱包和小钱包、并负责处理挂失解挂等事宜。此外，管理一些特殊卡片例如系统卡和设置卡也是该中心的职责之一。为了满足用户的要求，结算中心可以生成多种财务报表，其中包括资金流向报告、个人账户明细、消费统计以及每月（每日）的结算单据。

2. 消费管理子系统

一卡通系统中的消费管理子系统能让学校师生享受方便快捷的餐饮和购物服务，同时还能覆盖更多校内电子缴费应用场所，例如电子阅览室、游泳场和体育馆等，这为数字化校园的发展打下了坚实的基石。

3. 水控管理子系统

随着高职院校后勤社会化水平的提高，我们需要改变以往的团体就餐模式，并呼吁倡导建立节约水资源的校园环境。因此，引入水控管理系统成为必要之举，不仅方便师生，还能为学校带来额外收益。

4. 门禁管理子系统

现代电子信息技术被应用于门禁系统中，使之成为一种智能化管理工具。在门口安装身份识别系统，可以对人员或物品进出进行有效控制，同时还能自动记录进出情况。该控制机可以在联网和脱机两种情况下工作。

5. Web 查询子系统

只要登录校园网上的任意一台电脑并连接到查询系统服务器，就可以方便地查询以下信息。

（1）个人信息查询。为方便学生或者老师了解个人信息和消费情况，提供各种查询服务，包含持卡人的基本信息、学籍、教务、惩罚与奖励记录以及消费明细等。

（2）银行信息查询。银行卡持有者可以浏览银行发布的服务介绍、分支机构位置和服务手册等相关资讯。

（3）公共信息查询。提供学校信息检索服务，其中包含各种涉及校园一卡通系统的文件、规则、管理方针、领卡须知、失卡寻找以及相关新闻报道。确保可以获取到所需的所有信息。

（4）商户信息查询。商户的位置以及商品信息可以被持卡人获取到。商家能够收到其营业额和结算状况的信息。

（5）管理信息查询。管理员可查看与"校园一卡通"系统相关的信息，对校内教职员工及学生的学习、工作、生活数据进行汇总和解析，以保持信息更新。

（6）向导信息。校园一卡通系统的使用指南、学校信息、系统概述和产品介绍等相关资料，均可供持卡用户使用。除此之外，还有一些关于用户行为的规范、常见问题的解答等信息，为用户提供参考。

（7）特殊业务。协助用户重设密码和挂失卡片。

（三）一卡通的目标

一卡通旨在提供一张包括身份认证、借书、消费、医保等多功能的卡片，供所有学生和教职员工使用。学生可以方便地在校园内使用一卡通进行充值和消费，不用携带现金，享受便捷的支付服务。

校园卡系统使用了一种一体化的逻辑和分离的物理结构，使校园卡和银行卡可以互通，在各个银行网点可以实现电子货币结算和互相通信。通过圈存等方式，持卡人可以将校园卡转化为具有金融功能的银行卡，并实现校园卡与银行卡之间的转账。

利用校园一卡通系统，学校可以大大受益于经济和社会方面的优势。校园一卡通带来的经济好处体现在，学校师生能够利用电子商务进行消费，享受便捷、快速、高效的支付方式。这将有助于处理学生未支付的学费、水电费用超支和其他困难，同时有效确保资金的流转是透明的。学校建设了校园网络和数据中心等基础设施，以实现信息资源的共享。通过这一措施，可以避免过度建设和资金浪费，从而起到了间接促进经济效益的作用。这种方法除了可以吸引商户并增加卡的消费收入外，还可以在社会上产生积极的影响：促进人性化管理、提高工作效率、增强师生的自豪感。

第四章 高职院校师资队伍建设的改革

我国非常尊师重教。在教师群体中,高职师资队伍的建设尤为重要。建设优秀的高职师资队伍可以增强学校的竞争力,提高高职教育的水平,促进和加强当地经济的发展。学校的学术声誉和整体实力取决于高职师资队伍的水平。要提高教育教学和人才培养的质量,必须确保拥有高素质的高职师资队伍。

第一节 "双师型"教师的内涵

一、"双师型"教师概念的形成

"双师型"教师是我国职业教育发展到一定阶段产生的一个独特的概念。该概念的形成大致经历了4个阶段。

(一)职业教育发展的起源

我国的职业教育在20世纪80年代初期快速发展,其重点是中等职业教育。很多普通高中已经实现了转型,转而成为职业高中。然而,这些学校在起步阶段面临的主要挑战是,缺乏必要的教育设备和设施,以及专业经验丰富的教师队伍,这阻碍了它们提供必要的职业教育。在那段时间里,职业学校和企业紧密合作,让企业员工成为专业技能课程的教学领军者。随着职业教育的发展,职业学校积极地开展实习和实训项目,并通过转岗等方式提高专业课教师的培训水平。除此之外,很多大学毕业生也被雇用为职业学校的专业教师。尽管职业学校取得了更多的自主权,但是缺乏教师团队已成为迫在眉睫的问题。在职业学校内部培养的教师和从高校毕业的学生,往往缺乏实际操作经验,因此在教授学生实际技能方面会遇到一些困难，需要采取适当的后续措施来提高原有师资的能力，以此满足培养技能型人才的需求。在这个情况下，"双师型"教师概念被提出。

（二）高职教育实践的形成

在 20 世纪 80 年代末 90 年代初，高职教育经历了迅猛的发展。这里有一个重要的因素，即这些学校的前身大多为中专，专注于教授学术理论课程。尽管高职已经晋升，但教师队伍的构成未达到职业教育的标准。专业课教师在理论知识方面有相当扎实的基础，但在实际操作中还有进一步提升的余地。相较于中等职业学校，高等职业学校更深入地、系统地研究和探索职业教育的理论与实践。由于许多专业教师缺乏实际操作的技能，高职进行了"双师型"教师的育成探索。一般而言，"双师型"教师的构想是源自于对工科类专科学校的实践总结而来。1990 年，王义澄通过在《中国教育报》上发表文章《建设"双师型"专科教师》，阐述了上海冶金专科学校培养"双师型"教师所取得的成功经验。说明教育机构已经开始了解"双师型"教师的定义，并且采取了实际行动。

（三）政策与行政的推动

在职业教育领域，人们越来越重视"双师型"教师的概念，这个概念紧密关联着行政和政策的指导和促进。1995 年，国家教育部发布了通知，规定示范性职业大学的专业课教师和实习指导课教师必须具备实际专业能力，而且其中至少三分之一的教师必须达到"双师型"教师的标准。中国教育政策正式将"双师型"教师引入教育领域，这一行动进一步表明政策制定者高度认可"双师型"教师及其团队建设在职业教育领域的研究意义。此外，1997 年全国职业教育师资工作会议强调，应着重培养同时具备教育和职业技能双重素质的"双师型"师资队伍。[1]1998 年颁布的《面向 21 世纪深化职业教育教学改革的原则意见》中对"双师型"教师的内涵作了比较明确的规定："要采取教师到企业、事业单位进行见习和锻炼等措施，使文化课教师了解专业知识，使专业课教师掌握专业技能，提高广大教师特别是中青年教师的实践能力。要注意从企事业单位引进有实践经验的教师或聘请他们做兼职教师。要重视教学骨干，专业带头人和双师型教师的培

---

[1] 谢敏. 区域中等职业教育发展与规划研究 [M]. 长春：吉林人民出版社，2021.

养。"[①]1999年《中共中央、国务院关于深化教育改革全面推进素质教育的决定》中进一步明确：必须"加快建设兼有教师资格和其他专业技术职务的双师型教师队伍"[②]。

（四）高职教育的明确要求

2000年1月，教育部《关于加强高职高专教育人才培养工作的意见》（教高[2000]2号）再次强调"抓好双师型教师的培养，努力提高中、青年教师的技术应用能力和实践能力，使他们既具备扎实的基础理论知识和较高的教学水平，又具有较强的专业实践能力和丰富的实践工作经验"；"要有计划地组织教师参加工程设计和社会实践，鼓励从事工程和职业教育的教师取得相应的职业证书或技术等级证书，培养具有'双师资格'的新型教师"。[③]2000年10月，教育部高教司在《关于印发〈高职高专教育教学工作优秀学校评价体系〉（征求意见稿）和〈高职高专教育教学工作合格学校评价体系〉（征求意见稿）的通知》（教高司[2000]49号）中规定了"优秀学校的A级标准"为"双师素质"教师占全校专任教师（"两课"、公共课教师及助教除外）的比例应大于或等于50%，并规定高职院校教学工作合格标准为"双师素质"教师要占全校专任教师（"两课"、公共课教师及助教除外）的20%以上。

自2004年起，教育部开始实施高职院校人才培养水平评估方案。按照规定，"专业基础课和专业课中双师素质教师比例达到50%"只能达到C级标准，比例上升到70%才有机会获得A级。"双师"素质的注解为："'双师'素质教师是指具有讲师（或以上）教师职称，又具备下列条件之一的专任教师：其一，有本专业实际工作的中级（或以上）技术职称（含行业特许的资格证书）；其二，近五年中有两年以上（可累计计算）在企业第一线本专业实际工作经历，或参加教育部组织的教师专业技能培训获得合格证书，能全面指导学生专业实践实训活动；其三，近五年主持（或主要参与）两项应用技术研究，成果已被企业使用，效益良好；其四，近五年主持（或主要参与）两项校内实践教学设施建设或提升技

---

① 安江英，陈渌漪.高职教师职业能力的培养与评价[M].北京：北京理工大学出版社，2014.
② 徐小洲，梅伟惠.高校创业教育体系建设战略研究[M].杭州：浙江教育出版社，2015.
③ 王岚煮.高职院校双师型教师专业素质培育体系研究[M].南京：东南大学出版社，2021.

水平的设计安装工作，使用效果好，在省内同类院校中居先进水平。"[1]

2006年11月，教育部在《关于全面提高高等职业教育教学质量的若干意见》中提出，"注重教师队伍的'双师'结构，改革人事分配和管理制度，加强专兼结合的专业教学团队建设"，"逐步建立'双师型'教师资格认证体系，研究制定高等职业院校教师任职标准和准入制度"。[2]2022年10月25日《教育部办公厅关于做好职业教育"双师型"教师认定工作的通知（教师厅〔2022〕2号）》，要求在评定"双师型"教师能力素质时，第一标准是考察其师德和师风。此外，也需要充分评估其理论和实践教学能力，以及注重教学改革和专业建设的实际成果。这一政策的意思是，高等职业教育必须建设"双师型"教师队伍，以培养合格的职业人才为目标。因此，"双师型"教师建设是提高职业教育教学水平的重要环节之一。"双师型"教师这一新概念具有中国特色，越来越受到人们的关注，引起了教育界的广泛探讨。

通过探索"双师型"概念产生的历史变迁可以发现，该概念的发展始于单纯强调教师素质，逐渐转向关注教育结构，最终演变为强调对素质和结构的平衡重视。从2006年开始，教育部的相关文件强调教师必须具备"双师型"素养和"双师型"结构的重要性。这说明职业院校需要打造、培养具有"双重师资"素质和结构的专业教学团队。

二、"双师型"教师概念的剖析

根据"双师型"教师概念的历史提出和综合学者的学术观点，可以归纳出"双师型"教师的内涵包括四个方面：教师的范围、教师的来源、教师的知识和教师的能力。

（一）"双师型"教师的范围

"双师型"教师的含义不仅包括每位教师个人素质的提升，还牵涉到整体教师团队建设的问题。个人具备"双师型"能力的教师，以及整个教师群体所表现出来的"双师型"结构，都属于教师"双师型"的表现方式。教师们可以通过进修、

---

[1] 谢敏.区域中等职业教育发展与规划研究[M].长春：吉林人民出版社，2021.
[2] 邵建东.高职创新发展之路 金华职院的探索历程[M].武汉：华中科技大学出版社，2018.

提升知识技能等途径逐步培养并表现出"双师型"特质。而教师队伍则通过内部的培养、联合的培养以及外部引入，逐步建立和构建"双师型"结构。为了满足教育部对职业院校，特别是骨干高职院校提出的"双师型"教师与教师团队建设要求，需要全面培养和发展每个教师以及整个教师团队。

（二）"双师型"教师的来源

"双师型"教师是一种教育模式，它不仅包含了学校内的专职教师，也包括学校外的兼职教师。与普通高等教育不同，高等职业教育注重开放、强调实践，具有更强的实践性而非理论性。为了确保职业教育能够培养出技能型人才并具有较强的动手能力，需要建立一个二元化的师资来源系统，这样才能实现"双师型"教师模式，从而使毕业生能够快速上岗并胜任工作。因此，校外兼职教师在职业教育领域兼具"双师型"教师和教师队伍补充者的职能，肩负着不可或缺的重要任务。职业教育学校应该保持开放的态度，认识到外部兼职教师也应当接受双重教学方式的培训，以符合职业教育的教学标准。

（三）"双师型"教师的知识

作为"双师型"教师，需要同时具备理论知识和实践经验，这是综合素质的一种体现。理论与实践同样重要，不能偏重于其中之一。理论能够提供思想指导和目标方向，而实践则是将理论落实到具体行动中。只有将理论和实践结合起来，才能真正取得成功。因此，对于那些只具备理论知识而缺乏实践经验的教师个体或教师团队，应该采用多种方法来提高他们的实践知识水平。对于那些只有实践经验但缺乏理论知识的单个教师或整个教师团队，需要采用多种途径来提高他们的理论水平。

（四）"双师型"教师的能力

"双师型"教师需要具备专业能力和教学能力，这两方面的能力同样重要。如果一个教师不仅具备专业能力，而且还具备教学能力，那么他就能够有效地将专业知识和能力传授给学生。这不仅涉及个别教师，也与整个教师队伍的素质和水平密切相关。如果教师或教师团队仅具备教学能力，而缺乏专业能力，那么他们无法将专业知识和技能传达给学生，这极大地影响职业院校"双师型"教师和教师队伍的实际运行效率。因此，在推进"双师型"教师培养的过程中，强调校内专任教师应该以提升教学能力为基础，同时要加强和提高自身的专业素养水平。为了让校外兼职教师在教学实践中更好地运用其专业能力，需要对其进行专业能力培训。

三、"双师型"教师的具体内涵

（一）"双"素质的内涵

1. "双师型"教师作为普通教师的基本素质

（1）"双师型"教师应具有深厚的教育科学素养和教育能力等教师的基本素质

通过科学的教育理论，教师能够深入了解教育规律，应用理论知识解决教育难题。只有具备教育能力的教师才能根据培养目标的要求，在教学过程中灵活运用教育和教学技巧，并不断完善教育理念和方式。教师可以通过掌握教育科学知识和教育技能，按照教学计划和大纲的规定，进行理论和实践教学，并准确地评估学习效果。"双师型"教师还要具备现代教育理论知识，善于巧妙地运用现代化的教育技术进行教学创新。

（2）"双师型"教师应具备高尚的师德素养

教师的师德素养指的是在教育工作中必须遵守的行为准则和职业道德，是教师在工作中展现个人道德素质的体现。具备良好师德是教师在树立威信和地位方面必不可少的基础条件，也是学生的楷模。教师应具备正确的政治观点、坚定的政治信念，还要爱岗敬业、热爱学生等。

（3）"双师型"教师应具备广博的文化知识与深厚的专业理论

作为教育工作者，教师有责任教授学生科学文化知识，并帮助他们全面发展。这说明，"双师型"教师必须具备丰富的学科知识，并需要掌握所教学科的最新研究成果和发展趋势。除此之外，他们还需要有广泛的文化知识和文化修养，并展现出多样化的兴趣和能力。

2. "双师型"教师作为高等职业院校教师的职业素质

（1）"双师型"教师须具备高尚的职业道德

除了遵守普通教师的道德规范外，"双师型"教师还需要遵守专业道德标准。

教师的人际交往方式、职业素养、职业态度和职业行为，对学生以及未来行业从业者的价值观、信仰、行为等方面直接产生影响，同时也关乎整个行业的道德标准。

（2）"双师型"教师须具备扎实的实践技能

高等职业教育的理念在于培养实践能力强、具有良好职业道德的高技能人才，着重以就业为导向，服务于生产、建设、管理、服务第一线。因此，专业课教师需要拥有丰富的专业实践技能，以及将这些技能转化为内在的素质和核心素养的能力。

（3）"双师型"教师须掌握本专业的人才需求情势

在高职院校中，教师的工作重点之一是提供职业指导。选择职业是一项严肃的决定，因为它将直接影响学生的生活和未来。这正是为什么职业指导工作如此重要并需要双师型教师掌握专业人才需求情况。"双师型"教师要指导学生，找到与他们的需求和能力相符合的职业和岗位，同时激发他们的潜力，使他们个性化成长得以实现。因此，作为具备教学和实践经验的"双师型"教师，需深入研究专业市场需求及社会对专业人才的期望，以此帮助学生掌握相关知识和技能，并确保所教授的专业课程与职场和工作标准的变化趋势保持同步。

（4）高职院校"双师型"教师须具备一定的应用型科研能力

高职院校的应用型科研有两个主要方向：一是以高等职业教育的理论和实践为研究对象，通过展开各种活动（如观察、实验、分析、研究等），深化研究教育及教学的普遍适用规律。二是着重于技术服务和推广，对专业实践进行研究。双师型教师在高职院校中还需要具备多项能力，如分析、策划组织市场调研，技术开发推广等。

（二）"双"能力的内涵

1. 专业理论能力

要具备专业理论能力，一定要有广博的文化背景、扎实的专业基础知识以及全面、有条理的专业理论知识。双师型教师除了熟知当前学科或领域的前沿进展和技术成果，还需要具备相应的理论素养。对于"双师型"教师而言，他们需要彻底熟悉并深入理解教学大纲所列明的知识点，及时了解本专业的最新进展，并不断学习、应用新的知识、技术和理念,并传授给学生。

2. 专业实践能力

在职场上,"双师型"教师需要拥有广泛的技能和才能。这些才能包括但不仅限于精通教学和科学研究技能,掌握实际应用技巧,具备组织生产和促进科技普及的能力,以及注重学生的成长,具备指导和引导的素质和能力。为了满足这一要求,双师型教师必须具备特定岗位群的技术技能,熟悉相关领域的实践操作,能够进行专业技术开发和服务工作。另外,他们还需要满足各个职位的资质和技能要求,取得的证书必须符合这些要求,并且证书级别应该比他们已经获得或相当于其获得的证书级别更高。作为双师型教师,需要时刻关注本行业的最新操作技术,不断学习并跟进更新。"双师型"教师的实践能力是其最重要的核心能力。作为"双师型"教学的教师,他们需要有扎实的理论功底,能够敏锐地发现最新问题,并且具备高度敏感地对未来发展趋势的洞察力。它们交织在一起,彰显出双师型教师卓越的专业实践能力。另外,"双师型"教师需要具备实际执行的技能,以便在实际操作中达到更高的专业水准,尤其需要熟练掌握从事试验生产、技术开发和科研等工作所必需的专业操作技能。除此之外,在要求"双师型"教师具备专业实践能力方面,需强调他们应具有辅导专业操作、亲身示范并能够解决实践中出现的不确定问题的能力。

综上所述,可以将"双师型"教师定义为在高职院校中具备基本教学素养和完备教学资质的专业教师。此类教师不仅精于学科知识,还擅长实践技能。除此之外,这些老师还有机会在"教师—工程师""教师—技师(高级工)""教师—会计师"等领域拓展自己的专业知识和技能,从事多重职业。双师型教师是指在高职院校中担任教学工作的教师,他们不仅拥有专业知识,具备讲授能力,还具有本专业或相近专业实际工作经验和能力,可以为学生提供更加实用的知识和技能。他们既是教师,又是具备实践经验的专家,具备讲授和实践相结合的能力。高职院校的"双师型"教师标准要求他们不仅要具备高水平的技能教学能力,还要有广泛的专业基础理论知识,并能将其应用到实践中,更好地关注和理解企业的生产经营状况,因此他们的教学应更加具有针对性,不能只停留于教授技能,还要注重知识的来源和本质。

第二节 高职院校"双师型"师资队伍建设现状

一、高职院校"双师型"教师队伍建设成绩

(一)师资的整体素质优良

"双师型"教师的聘任人选需要在综合素质上达到一定的要求,包括应当具有良好的道德素养、优秀的教学技能和卓越的理论知识研究能力。首先,"双师型"教师需要树立健康的世界观、人生观和价值观,以服务人民的宗旨为导向,并且以适当的态度、观念和方式对学生进行教育。其次,需要具备高尚的教师道德,全心全意地投入工作中,并且对于教育事业抱有坚定的信念,坚信"传道授业、教书育人、为人师表、身体力行"的宗旨,同时还需要对学生持有关注和热爱。再次,必须具备高水平的学术素养,并持续不断地研究本领域的问题。在教育学生的同时,教师同时应当从事科研工作,不断提升个人学术素养,以达到教学和个人成长的双重目的。最后,拥有出色的教学技能。除了拥有广博的知识和经验外,教师还应认真地看待教学工作,将教材知识熟练掌握,不断改进教学方法,从而取得更好的教学成果。

(二)教师思想认识得到提高

根据调查结果,许多教师之前并没有深刻认识到建设"双师型"师资队伍的重要性。他们普遍认为,学校的教师应该将精力集中在学术研究上,让学生自行探索实践环节。此外,他们也认为自己很忙,不需要额外研究实践。由于积极的宣传和引导取得了广泛的效果,教师们现在意识到了构筑"双师型"师资队伍的必要性,并深刻认识到成长为"双师型"教师的迫切性。现在,不少教师正积极利用假期参与社会实践活动。通过这样的做法,不仅可以增强个人的专业实践能力,还有助于打下更好地指导学生实践的基础。

(三)学校领导的重视程度有所加强

要使高等职业教育真正见效,必须高度重视"双师型"教师队伍的培养和建

设。目前许多高职院校正在采取积极措施,以扩大"双师型"人才队伍的规模,如学校领导举行研讨会讨论如何建设"双师型"师资队伍,号召教师在寒假、暑假参与社会实践活动,从技术人员中筛选人员担任专职或兼职教师等职位。根据调查结果,几乎所有学校都采取具体措施鼓励教师提高学历,并制定相关规定来支持教师参与社会实践活动。

(四)兼职教师队伍得到了普遍重视

当前社会迫切需要具有实际技能的人才,因此高职院校需要加速发展"双师"教师队伍的培养。仅靠理论学习,无法培养出技术型人才,必须进行实践训练。因而,为了与社会保持紧密联系,必须招聘一些在行业中经验丰富的杰出人才和在企业中出类拔萃的人才来担任学校的教职工作。目前,高职院校已经深刻认识到兼职教师的重要作用,并开始积极招收兼职教师群体。建立兼职教师团队的方法包括:邀请其他学校在职或已经退休但具备较高职称的教师充当兼职教师;招募高学历的技术专家,促进校内人才与社会的沟通和交流。

(五)"双师型"教师的队伍充满活力

最近几年来,高职院校已经开始更加重视"双师型"教师的培养和引进。这主要体现在以下四个方面。一是越来越多的教育者正在成为"双师型"教师并加入教育事业,教师工作人数得到显著增加,而且比例也得到显著提高,且其中的中青年教师也越来越多。二是高职院校教师们的职称水平在不断提升。三是各大领域的学术骨干群体正在年轻化。四是高职院校目前的教师团体中实现了专职和兼职并存的局面。

二、高职院校"双师型"教师队伍建设存在的问题

最近几年,我国的高等职业教育师资队伍取得了显著的进步,不仅人数增加了,而且队伍结构得到了更好的优化,整体水平也有了大幅提高。但"双师型"师资队伍建设还存在很多问题,并且建设的成熟度还没到位,目前状况不容乐观。

（一）教师层面

1. 观念态度问题

教师作为学生和知识之间的纽带，其专业技能水平的高低直接关系到学生的发展水平。"双师型"教师是目前职业教育行业对教师的新型能力需求，其旨在鼓励教师不断专业化发展，提高其教学水平。受到来自各方面的影响，目前高职教师仍欠缺对发展成为"双师型"教师必要性的认识，对向"双师型"发展的教师结构觉悟不够。具体体现在：第一，思想上的认识不够先进。目前，我国许多高职院校遵循"三改一补"原则，受到"重文轻武"等传统观念的影响，教师更加注重理论知识的传授，而疏忽了实践技能的培养，反映在教师本身上，他们自然也缺少提升自己的专业技能和实践能力的积极性。第二，态度上对待问题不够严肃。职业教育是一种与经济社会密切相关的教育形式，它的特色在于注重实际操作、针对性强、实用性突出，着重培养实际技能和知识应用能力。因此，教师需要确保所传授的知识和技能是符合时代潮流的，并需教授学生在某一职业领域（或岗位群）中的最新知识、技能以及方法等。许多教师没有持续提升专业技能、适应变化和追求卓越的态度，却常常用教学任务过重、时间不够和忙碌等借口来回避责任。教师所表现出的消极情绪，导致其专业技能与教学要求不协调，从而对学生的学习效果产生不良影响，同时也拖累了教师向"双师型"教师的发展。第三，自我优势观念问题。教师被尊崇为伟大的职业，历来被尊为人类心灵的建筑师，受到这一传统观念的影响，一些教师将自身与劳动者割裂开来，不能摆脱对自身的优越感，这恶化了高职教师从技术层面上获得提高的重要环节——顶岗锻炼的实质性进展。"双师型"教师的组建需要每位教师认识到自己在队伍建设中的重要作用，端正态度，积极主动地朝着"双师型"教师转型，只有这样才能促进"双师型"队伍建设的早日实现，提高高职教师的专业技能水平。

2. 专业素质问题

当前，高职院校更倾向于选择普通高校毕业生来担任新教师。高职院校因此受益良多，可以在人才库中选择大批素质较高的毕业生，使其成为"双师型"教师的储备人才，然而，这也导致了部分教师没有足够的专业工作经验就从普通学校转到职业教育教师岗位。他们的专业技能水平因此较为欠缺，且缺乏与企业技术相关的知识储备。这部分教师与从企事业单位招进来的技术人才、业务骨干、管理精英相比较，在起跑线上已经落后了一大截，因此，对于他们的专业技能培养需要付出更大的代价。

3. 现实状况制约

通常情况下，高职教师的专业技能培训是采用脱离工作岗位的方式进行的，常见的方式有高职院校的脱产培训、培训机构提供的培训以及到企业挂职锻炼。这些培训方式往往要求教师集中一段精力和时间，进行一个阶段式的学习，而这往往与教师的日常教学工作相冲突。近几年，随着高职院校的招生规模不断扩大，学生人数呈井喷式增长，给教师的工作量带来了巨大的压力。由于教学工作繁重，教师很难有时间坚持培养专业技能，比如深入业务部门了解实际情况，或者参加实际工作岗位锻炼等。教师轮训制度执行的情况更为严峻，教师难以保证参与工程实践、学习新科学、新技术和新工艺的频率，也因此无法将所学运用到教学中。因此，如何处理教师教学工作和技能培训的时间冲突是教师专业技能培养的一大难题。

（二）学校层面

1. 培训意识薄弱

在我国，许多高职院校对教师的培训不够重视，普遍存在着职前培训流于形式，在职培训的机会和质量严重缺乏的现象。现有的培训途径比较单一，主要是国内的学历方面的培训，缺乏专业技能方面的培训。此外，学校很少设立专门的培训机构，因此很难设计合适的培训机制并且难以扩大培训场所和增加培训机会。另外，对培训教师所需资金的误解也直接影响了培训的开展，高职院校往往是能省则省，尽量减少需要较多精力和较大开支的技能培训。当前双师型教师的专业技能培训水平有限，缺乏充分的专业性，因此难以实现对口培训，这对专任教师获取技术等级证书造成了一定的阻碍，从而难以达到"双师型"教师的准入资格。

2. 管理流于形式化

目前，为了提升高职院校教师的专业技能，常见的培训形式包括校内培训、实习培训和基地培训等。然而，高职院校在教师培训方面的管理却缺乏细致地计划和安排，强调自我管理的多，落实监督检查的少，重量不重质。有些院校虽有管理制度但形同虚设，对培养过程会提出要求，但往往较笼统含糊，不能有针对性地做出计划和安排。有些时候这些培养过程成了教师的个人行为，如由自己决定参加何种培训、决定顶岗的单位或岗位、培训期间的工作学习内容和方式等。学校缺乏有效的组织、监控与指导；教师接受培训中期时，惯例的检查却管理松散，使得不少教师也因此产生了懈怠心理；学校的终期考核只是一种例行程序，这使得其对培训目标的实现影响不大，教师的专业技能提升效果也并不理想。除此之外，尽管教师已接受专业培训，但他们培训成果和应用实践方面的反馈未得到充分跟进，并且缺乏对其后续职业发展的积极规划。久而久之按这种形式接受培训的教师专业技能也会渐渐丧失。

3. 激励政策不完善

人们通常会因为某种动因而采取行动，因此激励的关键在于如何激发人们的动机，使其自愿参与到所需要做的事情中。要促进"双师型"教师专业技能的发展，高职院校应该制定相应的激励政策。这些政策可以包括提供福利待遇、培训等。政策的改进能够有效推动"双师型"教师的职业发展，当前大部分的高职院校都为教师的工作制定了相应的激励制度，但很少有院校为"双师型"教师专门制作另外一套激励制度，而且现有的通用激励制度仍存在不少问题，如激励制度并非按需激励，缺乏灵活性；制度激励缺乏有效性，而精神激励也缺少充分的体现；过分强调结果激励，却忽视了过程激励。这种情况下，教师们的满意度较低，提升专业技能的意识较差，对"双师型"教师的进步造成了不利影响。一个行之有效且顺应教师心愿的激励政策，能够促进"双师型"教师的成长，激励他们不断进步并提升成长速度。

4. 考评体系不科学

高职院校在招聘人才时，通常更加注重候选人的学历和职称，而忽视了其在专业技能方面的潜力与能力。目前的教师考评体系缺少一份适用于高职教师的国家标准，同时也缺乏具有权威性的标准来认定"双师型"教师素质。因此，现阶段许多高职院校对高职教师的考核评定方式通常采用普通本科院校或研究型大学的标准，尤其在教师职称评定方面。这项政策明显地使教师更加关注科研而忽略教学，并将重点放在知识方面，而对技能的重视程度降低。

由于人事政策的落后影响，许多高职院校对于教师应用型科研成果的重视程度存在普遍不足现象。考评体系中往往只关注教师在核心期刊上发表文章的数目、开展项目的多少，并不强调其内容能否应用于实际生产。高职教师的科研应当侧重于应用研究，在提高自身专业技能的同时，为企业解决技术难题，开发新技术新工艺，并非整日进行基本的学术研究。然而，由于横向项目的价值评估难度较大，且与现有的科研成果统计方法不适用，一些学校对于支持教师参与横向课题的研究并不太积极，相应的成果不被纳入职称评审和教师考核范围，教师在进行实用研究并提高自身专业技能时缺乏激励，进而对政策的实施效果产生了不利影响。

5.服务企业能力不足

目前，与企业的合作在对于"双师型"教师专业技能的培养方面占据了很大的部分。在推动职业教育内涵发展的过程中，校企合作存在一种现象，即学校方面表现积极，企业方面则相对消极。高职院校需要不断提高其综合素质，才能为企业提供更好的服务，进而才能建立一种稳固的校企合作关系。

企业期望高职院校有一支高水平的师资队伍，并且开设与行业、企业需求相符合的专业课程，以培养出满足企业工作职位要求的毕业生。高职院校和企业在校企合作中拥有同等的地位。若合作伙伴的能力不足够强，那么这样的合作就难以保持长久。

在校企合作中，企业方的合作期望在于高职院校能够充分利用自身的资源，协助企业克服各种技术难题，同时提供内部员工培训机会。但高职院校在基本的社会服务能力上无法达到标准，体现在：大量高职院校的实习和实验条件不足以满足实践需求，与此同时教师的学术能力也相对薄弱，这导致了企业无法从校企合作中受到其期望的支持；当前高职院校的教师数量有限，而教学任务繁琐沉重，造成承压较大。对于缺乏时间和精力的教师来说，要在企业中实习、锻炼并提供支持和服务是非常困难的事情。因为高职院校毕业生无法满足企业的需求，所以企业对参与职业教育的兴趣逐渐降低。因为职业教育服务能力不足，企业很难从校企合作中受益并获得实质性支持，这使得他们对校企合作的积极性下降，最终影响了"双师型"教师的专业能力培养。

（三）企业层面

1. 缺乏责任感和义务感

我国职业教育相较于那些职业教育发达的国家，起步时间较晚。在起步阶段，职业教育就面临着多种固有的缺陷。我国的职业教育属于"内生设计型"职业教育，在这种模式中职业教育的发展主要依靠政府的支持。企业在职业教育方面还有更大的发展空间未被充分挖掘。但是在职业教育的成长过程中不可或缺地依赖于企业，同时职业教育教师团队的构建也不能有企业的缺席。

就我国职业教育而言，在师资建设方面仍未充分利用企业的力量。企业是一种以经济利益为导向的组织形式，其核心目标在于追求经济效益并实现盈利。准公共性质是职业教育的核心特征，它的目标是通过培养人才来满足社会的需求。企业在考虑与职校合作时，最重要的是评估这种合作是否有助于直接或间接地增加其盈利和效益。参与职业教育意味着将资金投入公益事业，这可能会对企业盈利目标的实现产生影响。如果校企合作对企业的生产运营造成了损害，企业会迅速终止这种合作关系。不少企业缺乏远见，过于注重眼前和短期收益。更有甚者将教师和学生的实习视为补充他们自身劳动力短缺的方式。由于双方在追求利益方面存在分歧，企业参与合作的热情不够高涨，对企业而言参与职业教育的选择优先级相对靠后。校企合作中企业既需要担负公益责任，又需要追求自身利益最大化，这两者之间存在冲突，有时候很难协调甚至不可能协调。此外，很少有社会公认企业在校企合作中作出贡献，企业所付出的努力也往往得不到相应的回报，这也是使得企业对参与校企合作缺乏积极性的原因之一。

2. 顶岗锻炼落实不到位

专业技能是需要不断更新的，是动态发展的，为了培养能迅速掌握高新技术、融入高科技发展行业的技能型人才，"双师型"教师必须掌握最前沿的技术。但在顶岗锻炼时，由于企业的首要追求是盈利，安排教师担任岗位并不能为企业带来任何经济效益或技术支持。反过来说，企业需要免费培训教师，但教师一旦培养成功，又不能长期留在企业工作。因为这一原因企业对教师顶岗锻炼缺乏真正的投入和热情，只是做做表面功夫。这就导致教师无法得到企业的用心支持，在顶岗实习期间，只能在表面上做一些工作，如确定实习单位和实习师傅、通过电话沟通、收集整理实习过程的材料，以及撰写实习汇报总结等。最多能被带着参观工厂，熟悉工作环节，了解其中重要的步骤，以便撰写报告。然而，企业忧虑技术外流风险，可能会限制顶岗教师接触生产工艺，进而导致教师无法真实地进行岗位实操，并且接触到的技术层次相对较浅，仅仅是基于表面和形式上的参观。在这种情况下，教师的专业技能也无法得到提高，最多只是开阔眼界。

（四）政府层面

校企合作共建、提升"双师型"教师专业技能是目前"双师型"教师培养的有效途径，也是职业教育在当前经济形势发展下的必然举措。这种合作涉及企业和高职院校两个独立的利益方，两者在基于自身利益的前提下进行合作。学校和企业毕竟不是利益的共同体，两者之间的矛盾不可避免，仅凭自由合作意愿无法保障合作关系的可持续性。因此，政府需以有力的第三方介入，为合作提供基本保障，实行统筹、指导、协调和监督。

学校与企业之间共同合作，以互惠互利、相互支持的方式进行。这一状况维持的前提是双方都能在合作中达到预期的目的，反之，合作会因为一方受到损失而无法继续。

特别是对于企业这类对市场变化相当敏感的实体来说，为了迎合市场需求，它们会不断调整自身的生产技术和生产方式，这也使得其更容易受到损失。而学校的人才培养周期相对较长，市场适应能力较不敏捷。如果学校不能为企业提供所需的人才，则企业可能会停止与学校合作，因为这无法满足企业的需求，损害了企业的利益。为了确保校企合作顺利开展，政府应当制订全面的规划和协调方案。政府、高职院校和企业形成三方共同参与和交互的合作模式，以取代以往的校企合作模式。政府应积极提供服务和支持，以维护合作关系的稳定性。

由此可知，政府在校企合作中扮演着至关重要的角色，目前，我国政府在校企合作中的缺席是使得校企合作关系浅显、薄弱的主要症结。

1. 政策法律不够健全

政策法律的环境会影响校企合作的氛围。由于校企合作中双方的利益诉求存在差异，为了确保合作顺利运作，需要政府制定相关的政策法规，明确各方的职责、义务和权利，协调解决在实际合作中发生的问题。成功的校企合作如德国的"双元制"，其合作成功的秘诀就在于政府完备的法律框架和高效的协调机制。德国政府制定了一套包括《职业教育法》《青年劳动保护法》《劳动促进法》《手工业条例》在内的完整的法律制度，旨在规范职业教育。该法律规定了企业、学校和学生各自的义务，并明确了它们应承担的责任。我国相应的政策法律首先是涵盖内容不够全面，其次是已有的政策法律多是纸上谈兵，缺乏实际操作性。校企合作的重要性在地方政府中未得到充分重视，法律法规的制定过程缓慢，同时也缺乏可行的惩罚措施来打击违反合作协议的行为。总的来说，我国政策和法律规范在约束和激励方面的作用不足，无法充分影响校企合作。

2. 宏观调控能力不足

为了确保校企合作的顺畅，需要提高各级政府职能部门的宏观调控能力。目前，政府没有专门管理校企合作的机构，校企合作方案的设计、在合作过程中的监督、评估和推进仍被一般部门管理。政府在培养技能型人才的发展方案方面缺乏积极性，导致人才培养缺乏明确的引导。政府建立并完善校企合作的长期机制，促进职业教育的发展，已经成为迫切需要解决的问题。

3. 投入资源配置不合理

高等职业教育是社会事业的重要组成部分，对于促进社会经济发展具有重要作用，而不仅仅是教育领域的范畴。在最近的几年里，政府在高等职业教育领域不断增加投入资金。但是，在教育的财政投入上，高等职业院校没有受到政府的同等重视，高等职业院校接受的资金支持无法满足学校发展的需要。

另外，我国的高等职业教育事业起步较晚，教育基础比较薄弱。鉴于高等职业教育的独特性，在发展期间必须大量投入资源进行实践训练和技术提升。根据国际优秀的高等教育的发展经验，高等职业院校不能只依赖政府获得财政投入，还要自己努力提高教学和培训质量，增加资金收入。相应的培训保障也需要由政府提供支持。

第三节 "双师型"师资队伍培养途径和模式

一、"双师型"师资队伍培养途径

(一)自主学习发展途径

除提供优越的教育环境外,我们应重视激发教师的内在动力,满足他们的内在价值和需求,培养教学热情,促进教师自我激发提升的愿望,使教师主动掌握自己的发展机会,最终实现向"双师型"的转型。教师应该被鼓励对自身学习和研究进行反思,因为这有助于把教师的实践经验变成理论知识,提高他们的专业水平。只有深入思考并从中汲取教训的经验才能被视作真正意义上的经验。缺乏这种内省和反思的经验只是一种浅薄的了解。为了不断提高自己,作为教师必须学会从反思中汲取教益。虽然教师可以通过师资培训学习学科知识和教育等领域相关知识,但仅靠这些还不足以成为一名优秀的"双师型"教师。要实现这一目标,教师需要持续实践和不断学习理论知识,在反思中提高自身的实践技能水平。

教师自主学习的优点在于可以避免传统的需要投入高成本和长时间建设双师队伍的问题发生,同时更容易落实"缺什么补什么"的原则,充分发挥工学结合的特点,既不脱离实践又能够与理论不矛盾,达到培训、教学、科研和谐统一的效果。在经过完善的学习和技能训练后,专业教师已经习得了专业知识和技能,并且可以将其转化为教学实力。这些能力能够同时提高实际技能和理论教学水平。

鉴于个体的独特性,不同教师在进行自主学习的模式中都会有不同的要求。高职学院应当提供一定的资助来帮助那些需要提高学历的实践课教师,并且在确保教学效果的前提下,尽可能地为他们安排更为合适的教学时间。针对理论课教师们渴望提高实践水平的需求,学院应该激励他们积极地参与实习教学的所有阶段,与此同时鼓励他们参与改造实训教学的环境。教师在进行实践的过程中可以提高在技术转化、传播和应用方面的综合素质。无论是在理论课还是实践课中,教师都应该积极参与科技研发项目,如产品设计、工艺改进及技术咨询等专业领域内的活动。这个做法有助于提升教师在专业理论方面的水平,增强对本专业的兴趣和了解,加强他们在科研、工程实践和创新方面的能力,有助于培养学生成为具备"双师型"素质的专业人才。另外，还需要鼓励教师参加与他们所教授学科相关的资格证书培训和考试，并为获得了相关资格证的教师提供考试费用报销补贴。

（二）生产实践训练途径

目前，许多高职教师没有实践经验，难以获得有关企业实际工作的情况和最新技术、工艺等方面的知识和经验。教师可以通过生产实践训练来弥补这些方面的缺陷。生产实践训练使得教师和企业技能人才之间产生了接触，教师能够更加深入地了解实际工作现场，进而提升专业技能的熟练程度。因此，可以说生产实践训练对于培养具备教学和实践能力的"双师型"教师具有至关重要的影响。

通过生产实践训练，教师不仅可以增强实践技能，还能够确保自己的教育教学水平不断提高。高等职业教育教师是高等职业院校科技服务的主力军，必须在经济建设服务中不断提高自身水平及能力。与此同时，科技正在以惊人的速度不断进步。市面上不断涌现出新的技术、工艺和材料，这不断推动着生产设备和产品的更新升级，而且目前新技术从研发到应用的周期越来越短。如果教师仅局限于在校园内授课，或者说从生产线退居教学环境太久，长此以往，他们会难以应对知识老化和技能退化等挑战。这意味着这些教师不能有效地满足高等职业教育的培养目标，推动高职教育发展。因此，高职教师需要积极参与科研、生产和社会实践项目，坚持与实际技术不脱节，持续地学习和积累经验，从而提高解决实际问题的能力。

高等职业教育的宗旨是发展学生的实际应用技能和实际应用能力。因此，高等职业教育教师的关键任务之一是在实际操作中培养实用型人才。学习理论和学习操作有所区别，前者主要是理解理论知识，而后者则首先体现为对动作的模仿，指导教师的操作示范将直接影响学生的模仿效果。还有，当学生在实践中遇到问题时，指导教师应该为他们提供有用的建议，进而激发他们独立思考，自发想到新的解决方法。做好上述工作的前提就是教师本身具备丰富的实践经验和能够有效指导学生解决问题的能力。

为了达到增强"双师型"教师职业能力的目的，要求专任教师定期到企业挂职或顶岗锻炼，例如一个职业院校可以联系多家固定企业，每5年安排不少于半年的时间到生产和管理第一线参加实践,学习新知识和新技术;另一方面要求指导企业的技术革新,产学研结合,了解相关企业在市场中的实际情况,为企业提供综合分析报告。

为了让教师能够及时了解并掌握企业的生产工艺和变革过程,持续更新和学习知识,高职院校经常与企业积极合作,好让教师能够经常到企业实践和学习。在实际工作中,教师可以接触到企业在生产经营中遭遇的困难和挑战,这不仅可以使企业更加顺畅地运转,而且有助于提高教师的研究、分析和解决问题的能力,同时也能够增长见识,提高教学水平。与此同时,资源充裕的高职院校也应当积极对企业开放,利用自身在设备、场地和人员上的优势,建立以生产为主导的校内生产性实习基地,活跃接收实践能力优秀且具有一定教学能力的企业人才担任教师职务。采用这种方式不仅可以更高效地利用教育资源,减轻人员短缺的压力,而且还能将产业界成功的经验融入教育中,推动高等职业院校师资队伍的发展。

(三)社会服务拓展途径

大学的功能是教学、科研和社会服务,作为高等教育机构,高职院校的主要目标是为社会经济发展和各行业的人才培养提供直接支持。因此,与普通高等教育相比,高职教育的社会服务功能更加明显。号召和鼓励高职院校教师积极投身于社会服务,对提高高职院校教学质量有着积极而又重要的意义,这也是提高教师专业技能的重要途径。

随着时代的进步,高职院校教师的职能已经不再局限在传统的传授知识上,也不再代表知识权威。除了拥有知识和教育背景,教师们需要具备将知识转化为实际技能的经验和能力,以此为所有学生提供高水平的教学。高职院校的教师需要有自主探索的精神,具备广泛的专业实践技能,以及迅速、高效地应对社会和市场变化的能力。此外,他们还需具备将科研成果转化为实际应用的能力,担当企业和社会课题研究的责任,并成功完成相关的服务项目。需要注意的是,这样的角色转变不能仅仅依靠政策和机制。将教师的专业发展意识提升至"自我更新"层面,成为角色转变的关键点。"自我更新"能够持续推动教师进步,是否拥有这种长期稳定的驱动力也代表了教师专业水平的高低。高职院校的"双师"教师在成长过程中受到了里外两种渠道因素的影响,且最主要、最关键的影响来自于教师"自我更新"的能力。教师应当将学习技能和增强社会服务能力作为每日的必修课。高职院校教师应该具备专业发展中必不可少的"自我更新"意识和在实践中的自我反思能力，并且能够适应社会不断变化和充满挑战的职业环境。除此之外，他们还需积极寻求与同行企业间的合作机会，将为社会提供的服务作为提升职业技能的重要支撑。

二、"双师型"师资队伍培养模式

（一）校本培养模式

在大多数高职院校中，专业理论课的授课教师通常具备本科或研究生学历，其专业理论功底扎实，但是缺少实践经验。因此，应该积极地鼓励他们利用高职院校内的资源，进行基本技能训练，并鼓励他们参加职业资格考试，获取专业证书，以此提升专业技能水平。同时，高职院校应该建立长期的校企合作机制，并积极采用教师专业技能校本培养模式，以培养更多"双师型"教师。

从历史上考察，校本培训的实践模式早在很久之前就存在了，追溯历史可以到古老的艺徒模式。根据欧洲教师教育协会在1989年给出的校本培训的概念，校本培训（School—based in service training）是由学校主导组织的内部培训，旨在满足教师个体在工作中的需求，其内容则紧密围绕学校课程和整体规划开展。它可以在整所学校开展，还可针对特定部门或某一学科进行，也可涵盖多所学校之间的协作。比如英国的教生制。1972年《詹姆斯报告》中提出，职业培训的起点应当在学校，所有学校都应当明确继续培训教师是它们职能的一部分，且每位学校成员都应该承担责任。[①] 在20世纪70年代中期，英、美等国开始认识到，教师的专业能力主要是通过在教学岗位中实践逐渐形成并发展的，学校是教师专业技能培养的主要场所。因此，以学校为中心的教师在职培训模式开始出现并逐步发展。

20世纪80年代，涌现了一批对校本培养模式研究更深入的理论，例如哈格里夫斯（Hargreavs）在医学培训的实习模式中获取灵感提出应当成立专门的教学学校（teaching school），瓦诺克（Baroness Warnock）提出了一个角色的新概念"教

---

① 孙久山，黄建如，刘艳荀. 新课程与教师专业化发展[M]. 长春：吉林大学出版社，2005.

师指导者"。1986年，牛津的"良师计划"明确提出了教师培训机制的合作关系。自此，校本培训开始逐渐兴盛。

校本培养模式能够在西方国家兴起的原因如下。

首先，20世纪60年代和70年代，西方国家兴起了民主化运动，这促使学校和教师获得更多的自主权，从而使教师和学校在推动教育改革方面具备更多的发言权。

其次，传统的继续教育存在于理论与现实的明显割裂之中，这使得教育理论研究者和实践者都希望将理论和实践经验相结合，以便将理论更贴近现实，并获得更丰富的实践支持。

另外，教师的教学实践是一项非常复杂的任务，传统的、不能提供实践资源的继续教育计划并不能够有效提高教师的实践技能及教学质量。

最后，传统的教师培训模式是由高校实施的，在实施过程中出现了很多问题，比如费用过高、工学冲突激烈、培训范围受到限制等。因此，教师培训模式的改进从未停止过。在这种情况下，采用基于学校内部资源的"校本"模式进行教师的继续教育，已经逐渐成为不可避免的趋势。

我国教育学家普遍认为校本培训是继续教育的一部分，以学校作为教师培训的主要场所，通过教师之间相互学习来进行，是一种教师在工作之余自主学习的培训模式。随着教师专业化程度的加深，在教育实践中教师的主体性愈来愈受到重视，传统的师范教育以"终结式"为主，已经不能满足现代教育的要求，正逐渐被"发展性"教师教育所取代，在职培训和继续教育逐渐在当前的教师教育环境中扮演着重要的角色。即使是从国际视角出发，校本培训的教育理念取代传统教师培训已经成为必然趋势。发达国家就学校是学生和教师同时学习成长的场所已经达成了共识。国际范畴中教师专业化的发展使得校本培训广受欢迎。这使得高职院校的教师培训面临更大的压力，但也为高职院校的"双师型"教师校本培训提供了更广泛的背景信息和机遇。

立足我国的国情可见，职业院校是发展"双师型"教师培训的主要场所，我国职教师资的培训大多在职业院校中进行的状况也证实了这一点。职业学校有权雇用"双师型"教师，同时它也有责任培养这类教师。

在"双师型"教师队伍的建设中，高职院校使得校本培养的主导作用得到了充分的发挥：教师们通过高职院校为其营造的"双师型"环境，充分发挥自身的能动性，主动增强自身双师素质。

校本"双师型"教师专业技能培养模式的重要特征体现在政策的发布、培训的开展、与企业合作上，此外，推动实践都是通过学校进行的。这种方式的优点如下：培训计划与内容可结合本校教师实际情况开展，目标合理且能够保证培训与日常工作的和谐统一；培训地点就在校内；培训时间安排不影响工作，且能将培训内容及时应用于教学；使得教师个体与教师团队之间发生反应，在校内形成良好自由的学习氛围。

第一，高职院校可以根据自己专业发展的情况和实际需要，制订教师接受"双师型"培养的具体政策、制度、资金帮扶等。与西方发达国家相比，我国的高等职业教育起步较晚，直到最近才得到重视，并逐渐发展得欣欣向荣。高等职业教育并非仅仅是一种教育层次，它有着独特的教育类型，需要根据其独特性进行发展，而不是按照普通专科教育、本科教育或中专教育的模式进行。根据这一特点，高职院校要想办好就必须找准定位，只有在不磨灭自身特色的条件下发展才是向好的发展。高职院校的特色是其学生来源的重要保障，也是高职院校生存和发展的必要支持和期望所在。如果高职院校缺少独特之处，那么它们的发展将无法进行。鉴于校本培训是一种建立在学校具体情况的培训方式，其目标在于对学校专业的扬长避短，在保持特色的前提下满足了学校可持续发展的需要。可以得出结论，校本培训是最有利于拓展学校特色和保证学校长期发展的不二之选。高职学校可以依据自身专业发展的需要，科学规划"双师型"培养考核制度制定、培训资金安排以及"双师型"政策导向。

第二，教师接受的培训计划可由学校制订。对于想要转变为"双师型"的教师，学校能为其提供多样的方式来进行职业教育师资培训，模式上则采用时长3年~5年的教师轮训制度。根据受训教师的实际情况，培训的类型也会有所不同，常见的培训类型有国家级培训、省级培训、市级培训、校本培训等。

第三，教师实践所需要的培训企业由学校联络提供。根据教师团队的特点和专业特色，学校为其配备相应的教学场所和企业资源。比如，浙江经济职业技术学院每年为教师提供短则1个月长则2个月的5~8家企业的实践培训机会。

第四，激发教师参与积极性的方法是采用考核绩效的规章制度，鼓励教师踊跃参加"双师型"能力培训。

（二）校企合作培养模式

我国职业教育起步较晚，各地区之间职业教育发展不均衡，各职业院校办学水平、办学条件参差不齐。随着职业教育事业的不断壮大，加之高职院校"双师型"教师人才的缺口，高职院校自身和综合性大学的职业教育教师培训已经跟不上院校的需求。这导致了高职院校面临教师专业实践技能指导能力不足的挑战。高职院校开展教师培训的模式种类多样，其中校企合作是培养"双师型"人才的最佳方案。

只有深入实践、熟练掌握专业知识和技能，并跟随社会生产的步伐，职教教师方能不断提高自身水平。学校与企业的合作有助于弥合教育和社会、理论和实践之间的鸿沟。这种合作能够进一步增强学校内的教师实践技能，为他们提供指导和支持，同时也有助于提高企业员工的综合素质和加强企业文化的内涵，从而达到 1+1＞2 的效果。

现今采用校企合作模式的学校较多、范围较大。简单来说，它是一种教师在学校和企业两者之间流动，进行教学和实践活动的模式。

具体而言，在校企合作模式中"双师型"教师在对学生进行理论教学或者接受理论教学的地点在学校或者与学校有合作的培训基地；对学生进行实践教学或者接受实践的地点则在生产、合作的实际场所中进行。与此同时，与之适应的教师岗位制度也与传统的岗位制度有所不同。根据专业属性，学校聘请专业技术人员或熟练工匠担任兼职教师，在高等职业院校教授学生并引领本校教师全程观摩，旨在提高教师的"双师型"素养和能力水平。企业应当在提供实习场地、设备和原材料的同时，派遣员工担任专业导师，与学校合作设计培养"双师型"教师的方案。企业应当与学校携手合作开展相关课程，以促进科技研发和生产实践，针对高职院校培养"双师型"教师时遇到的问题，寻找有效的解决途径，包括改善设备条件，引入更多的指导技术力量等，以便更好地推进教师队伍的培养工作。

高职院校的教师在合作企业中进行工作，参与企业的生产实践、技术开发和产品设计等领域，以此更深入地了解企业的生产流程和操作方法，获取最新的技术资讯，向经验丰富的技术人员学习，以提升自己的技术水平。这样一来，教师的理论观念与实践能力都得到了拓展，从而成为具备"双师型"素质的人才。另外一种切实可行的校企合作模式是对高职院校内的教师进行有偿的培训，为他们提供在大中型企业内接触真实的生产与管理环境和高科技设备的机会。

高职院校可借助其学术科研优势，选派教师参与企业内部应用技术的研究，协助拓展先进技术的应用范围，促进科技攻关和技术改善，进一步钻研新产品和新工艺的研发等。

我国在职业教育领域制定了相关政策，规定高职院校教师需要每两年在企业或生产一线进行为期两个月的服务实践活动，这一规定与"双师型"教师的培养目标达成一致，教师只有在真实环境下才能提高专业技术能力。

过去，我国职业教育师资培养主要依靠学校进行，却没有考虑到职业教育教师的特殊性，这导致教师素质不足以满足现代社会的需求。我国职业教育师资培养的目标是"双师型"教师，其特征在于需要拥有处理真实生产项目的能力，"双师型"教师的素质只经由学校参与不能成功培养，必须与企业一起合作，为其提供实际的生产资源与实践场景。从我国职业教育发展的现状和特点出发，本研究认为，应建立以学校与企业为主体，其他机构共同参与的多元共生的"校企合作"的职教师资培养模式。

（三）政府主导培养模式

尽管不少院校采用了多种措施来提高教师的"双师型"素养，如教师顶岗等，但未能收获显著的改进结果。因为在实际情况下的"双师型"教师的培养进程不仅仅只依靠学校与企业，还涉及政府部门、行业组织等。

因而明确制定培养具备"双师型"素质人才的规划，推动政府职能部门和行业组织积极参与，使高职院校在政府主导下开展"双师型"教师专业技能培养模式，这是十分必要的。比如可以经由相关教育部门协调，与另外两方联合，政府、企业、院校一同创建培训"双师型"教师的国家级基地。在创建的过程中由政府对进度与方向进行把控，如大脑一般监管、指导、协调建造基地的流程。总的来说，政府需在建立基地方面扮演牵头角色，制定相关政策及规章制度，才能拉开政府主导的双师型培训基地的序幕。在培养"双师型"教师的过程中不可缺少政策保障，相关政策应当由包括政府、行业组织、企业与院校在内的多方共同设计确定。

通过建立完备的制度体系，可以明确各方的责任和义务，对各方的利害关系进行沟通协调，这样的制度内容包括但不限于清晰的标准制定、责任划分、考核制度、反馈制度、财政制度、企业导师分配制度等。制度的有效实施离不开多方的广泛参与。

目前，政府部门已经在全国范围内建立了多个高职师资基地，该基地旨在增强教师在高等职业教育理论和专业技能方面的素养，提升他们的实践水平与高科技应用水平，为中、高等职业教育师资的培训提供一个相对稳定的支撑体系。当前，我国政府正在积极主导职业教育师资培训，同时兴建了50多所高等职业院校和数十家企业培训基地。这些基地营造了适宜实训的场所，教师可以在其中培养自身的职业技术能力，它也是"双师型"教师专业技能培养的又一个重要途径。

政府牵头的培训基地能够有的放矢地结合高职教育的实际情况，为教师们提供贴合的培训项目，目前这些培训基地因提升双师素质水平效果好，已经获得了众多高职院校的高度称赞，成为对高职院校教师开展培训的优秀路径。

（四）中外合作模式

近年来，与行业联系密切的高等职业院校与国外联合办学以及教师到国外参加职业培训的越来越多，部分发达地区的高等职业院校已率先进行了此类工作。中外合作的"双师型"的培养模式主要是通过双方携手开办培训基地，将教师送到国外职业教育机构或者国际先进企业接受外国语言、实践技能和理论研究等方面的培训。可以看到在中外合作模式下教师接受的教学内容更加全面化和多样化，与之相应的是，基地对教师的水平也会有更严格的要求。

另外，还有外国开办、办学地址在我国的职业培训机构。这一情况可以满足教师不必出国便能接触到国际前沿学科知识的需求，合格结业也能获得相关的职业资格证书。这种模式有利于激发人才的全球化视野与竞争意识。

随着科技的进步和国际化程度的提高，国际合作也开展到教师培训领域，国际化对教师开阔眼界、提升跨文化交流能力、以国际化的标准提高自身理论知识与技术水平以及更新教育教学理念有着诸多益处。通过国际合作开展的教师培训，我们可以借鉴和吸收国际先进的教育教学理念，完善自身的教育教学知识体系，尤其是这一培训模式可为我们提供国外先进的设备与实践经验，教师在培训中能够获得国际前沿的专业知识和相关技能，组建一支面对全球化经济的要求也能从容应对的高素养"双师型"教师队伍成为可能。

随着经济全球化和科学技术的蓬勃发展，国际高职教育正向着多样化的趋势发展，而中外合作办学已经成为我国高职教育不可或缺的重要组成部分。目前我国职业院校应当重点关注如何在高职教育普及化和国际化的趋势下，重新审视人才培养理念和质量标准；如何充分利用国际范围内的先进教育资源推动我国高职教育现代化；如何构建能够跟上时代潮流的先进"双师型"教师培养模式。

虽然国外的职业教育并没有专门描述成"双师型"教师的术语，但某些词汇与"双师型"教师在含义上是共通的。国外与国内在对教师实践技术能力与教学水平上均保持着严要求。在推动职业教育发展的过程中，各国都一致认为，注重教师的基本素养和实际操作能力是非常重要的。就此，国内的高职院校可以利用中外合作办学的机遇，吸收和借鉴国外"双师型"教师的培养经验。我们应当保持着虚心求教的态度思考培养"双师型"教师的模式，以培养一支高水平的"双师型"教师队伍，在满足高等职业教育发展需求的同时拥有中国特色。

第五章　高职院校创客教育体系管理建设改革

现代先进制造技术与新一代信息技术促成了创客与教育的机缘耦合，高职院校应借鉴和引入创客理念，营造校园创客文化，实施创客教育，培养自主探究、开放学习、动手实践、融合创新的校园创客。在创客教育的实施过程中可能面临创客空间、创客课程、创客导师等方面的困难，需要综合统筹、跨界合作，形成合力，共同应对。本章主要研究高职教学中的创客教育，为提高我国信息化高职教育管理水平提供良好的途径。

第一节　创客与创客教育的概述

一、"创客"概念界定

（一）国外对"创客"的定义

德勒·东赫提（Dale Dougherty）提出，创客特指一类人群，他们拥有一定的技术水平，能够通过现代的技术工具将其创意转化为现实产品。由此可见德勒·东赫提的创客概念中特指的群体拥有着创新意识，且能将这种意识变为现实。《连线》杂志前主编安德森在《创客：新工业革命》中提出，"创客"是不以创利为目的，而是自发地将兴趣爱好转换成具有现实产品的人。[1] 与德勒·东赫提的创客定义相比，安德森的概念中凸显了创客非功利的特征。他们出于兴趣将创意现实化，并未期许报偿甚至可以说只是为了满足自己娱乐的需求。

---

[1] （美）克里斯·安德森著；萧潇译. 创客 新工业革命 [M]. 北京：中信出版社，2015.

（二）国内对"创客"的定义

国内学术界从广义和狭义对"创客"进行了定义。广义上的创客是指所有能够将自己的创意转换为实际作品的人，广义创客涉及的范围更大，其中的创客所借助的工具没有局限于现代的技术工具，也能够借助传统的手工艺。也就是传统的手工艺匠人也可以在广义的概念上被归为创客。且狭义的创客概念是能够完整地包囊于广义创客概念中。安德森在其著作《创客：新工业革命》中对"创客"的定义可以理解为是对创客概念的狭义定义。引用北京师范大学教育技术学院何克抗教授在《论创客教育与创新教育》中将安德森原版定义翻译为：创客专指具有开拓创新精神的人，是将自己的创意在因特网、桌面工具、3D打印等辅助手段的帮助下，将创意转换成真实产品的一类人。[1] 狭义创客对实际制作过程中利用的工具、信息做出了规定，可以说这类规定是创客文化于新工业革命2.0时代发生交流产生的。

国内学者对"创客"概念的定义没有达成一致。根据不同的侧重点，可以将其划分为两类：一类是如杨现民、李冀红所归纳的创客为一种生活发生、一群人、一种学习态度、一种文化等。这种确定创客概念的方式是相对抽象的，阐述了创客"创新、分享、实践、跨学科、合作融合"的标志性特点，且体现出了创客的未来趋势。此类定义中虽然表述的角度各异，在不同的课题下会出现不同的含义和发散点，但都明确地立足于创客将创意实化为产品的本质。另一类如黄利化等人在《设计型学习：学校创客教育实践模式新探》一文中将"创客"定义为乐意动手去实现自己脑中所想并愿意分享给世人的一类人。[2] 这类定义"具体化"地界定并凸显了创客的特征、实践的手段、蕴含的价值等。

二、创客的教育内涵

（一）内涵界定

1. 创客教育的定义

斯塔哲和马丁尼兹在《创客运动：一次学习革命》中写道，美国创客教育

---

[1] 何克抗. 论创客教育与创新教育 [J]. 教育研究, 2016, 37 (04): 12-24+40.
[2] 黄利华, 包雪, 王佑镁, 等. 设计型学习: 学校创客教育实践模式新探 [J]. 中国电化教育, 2016 (11): 18-22.

侧重于使学生在实际的学习过程中发生改变，即"基于创造性的学习"和"创造中的学习"（Learning by Making）。"基于创造性的学习"中，教师需要参与到学生整个的设计过程中来，要求坚持课堂以学生为中心，保证学生的学习过程完整连续。

广义的创客教育旨在普及，面向广泛受众，着眼于启发创造力和创新意识；狭义创客教育指的是以培养学生的创客能力为中心的教育模式，旨在引导学生积极参与创造性实践活动，从而提高其创新意识和实践能力。也就是说，狭义的创客教育通过培养学生的创客能力来促进其全面发展。教育的关注焦点是青少年，而培养创新创业能力则成为教育重要的方向之一。

目前学术界还没有确定"创客教育"的具体定义。研究者还将创客教育分为了"创客的教育"和"创客式教育"。

从创客文化群体的角度思考，创客教育更加注重于培养有创造力的人。从创客群体深层次的理念可以看出"创客的教育"注重教学内容和创客精神的融合。投入创客思维以扩充教育内容，提升教学水平。"创客的教育"注重个人发展的培养。在各种传统教育领域中，我们可以根据"创客"身份的独有特点来作出相应调整；"创客式的教育"则更加关注学生思维和理念的向好发展。"创客式教育"是"基于创造性的学习"相关理念和现代教育的融合形成的一种教育方法。

总的来说，"创客的教育"和"创客式教育"有一定的相似性，两者都以培养创客型人才为准则，追求培养拥有创新意识和创新能力的人才。本书探讨了狭义的创客教育，意向在于培养高职学院学生具备创客素养。学校是教育的主体，而高职学生则是教育的对象，教育的核心在于开发学生的创造力和创业精神。

2. 理论依据

杜威的"实用主义教育"一经提出，就对美国教育产生了深远的影响。创客教育旨在支持学生从构思阶段到成品阶段的整个创造过程，同时确定以学生为中心。创客教育是"基于创造性的学习"或"创造中的学习"，而杜威所提出的"从做中学"和创客理念一致都是在亲身实践中获取知识。

学习者通过创造性的实践来获得理论知识与技术水平的提高，由此增强自身的合作能力和个人创造产品的能力。当学生在解决创造过程中的难题时，能够感受学习的成就感，进而推动学习行为形成良好的循环，并能够将教学氛围烘托得丰富多彩。

（二）内涵的多重阐释

1. "基于创造性学习"的教育

"创客教育"理论体系的中心关注是"创造中的学习"或者"基于创造性学习"，其目的在于尊重学生的自主性和积极性，提供创意的支持，设计规划以及通过完整的产品过程来提供创造性的学习机会。在一场大学演讲中，世界创客大会的创办人兼 Maker 杂志的主编提到了"学以致用"的观点，即在创造中获得成功和学习。这种学习方式有着神奇的力量和效果，它是一种松散的、非正式的学习形式，参与者通过自发性的、有创造性的探索来解决问题。他们可以利用平台的技术工具，也可以选择是否与其他学生合作。在完成任务的过程中注重以学生为中心。在实行"学以致用"的亲身体验式教学模式中，教师的责任是指导和激发学生的学习热情。在进行教学时，应该注重学生的自主性、互动性、实践性、连贯性和整体性，同时避免采用知识灌输的教学方式，以免束缚学生的创造力。

目前，我国的创客理念和西方坚持的"基于创造性学习"，同时作为东西方创客教育的关键教学内容。尽管祝智庭等人没有直接探讨过创客教育内涵的丰富性，但其同样秉持"体验教育中的深度参与和在实践中学习的思想"体现出了"基于创造性的学习"或"在创造中学习"。需要注意的是，即使在关键课程内容相同的情况下，中西方的创客教育仍在培养人才的类型上存在差异。包括所培养的创客人才类型和最终的创客目标。

2. 培养"创新型人才"的教育

"创新"是指创造出全新的有用之物或构思，它能够提升和推进人类文明的发展。人类使用工具进行狩猎和生产的行为，使其与其他动物产生区别。随着语言的不断创新和发展，人类赋予了它表达自己内心世界的能力，从而开始记录文明的演变历程，昭示着人类对文明发展途径的深入探索。人类与自然对抗不断取得胜利的原因是我们不断地创新。科学和技术的不断发展正是创新的产物。创新是人类文明进程中一个至关重要的因素。创新思维是一种高级认知能力，在创意概念和设计流程中扮演着至关重要的角色。而创新能力则是一种用创新思维将创新意识投射在现实并使之成为实体的能力。没有创新的意识就无法推动创新的过程，创新意识将创作的目的、原因与方法变得清晰。创新意识是一种久经考验的思想模式，它已经深深植入个人的价值观和思想信条之中。创新思维和创新能力在于探索新的方法和渠道来实现创新。创新思维探索新颖的观点、理念、策略和独特的创意构思；创新能力是指能够创造出具有新颖性的实体和非实体产品的能力。创新人才的使命需要三个方面协同作用，如果缺少任何一个方面都无法做好。

3. 以"项目的学习"为实践方式

创客教育的开展是通过"项目的学习"完成的，即通过设定特定任务为中心的项目，实现"基于创造性的学习"。在此过程中，学生将在完成任务的同时，获得相关知识并完成学习。为了培养学习者解决实际问题的能力，项目设置必须与参与者的生活紧密相关。祝智庭和其他学者认为，创客教育应该融合多种元素，而在实践中它类似于基于项目的学习方式。这种学习方式以一个具体的任务为核心，实现创客教育的落地。尽管没有明确提及如何实施创客教育，马丁尼兹和斯塔哲给出的创客教育的必备八要素已经获得了国际上的认可。这也告诉我们"项目的学习"的实践方式同样适用于西方创客教育的体系。

4. "协作、交流、共享"的教育

我国的学者强调，实施创客教育需要采用项目学习方法，即设定具体任务并将问题置于项目中。在项目学习中，学习者应当组成小组，相互沟通、协作和分享，共同完成指定任务，以促进知识的协同构建。这样才能实现创客教育的有效实施。马丁尼兹和斯塔哲提到了创客教育的内涵，他们认为教师需要反思教学方式与思维方式，避免让学生处于被动地位，而应该尊重学生的主动性和主体性。因此，教师需要积极合作、交流和分享经验，以加深对知识构建的理解。

三、创客教育的特点

（一）以"专业能力"为教育基础

高职院校在人才资源方面较为充足，我们应当利用这种便利就此开展创客教育。创客教育主张学生不应当被学科知识之间的边界束缚，但是在项目设计的过程中，关键问题和必要的解决步骤仍然是不可避免的。这些关键点和本质性问题与某个专业领域的知识密切相关，需要对该领域的知识熟练掌握才能得以解决。

人类文明的发展得益于那些拥有专业技能的人。这些人将智慧和实践相结合，以他们的专业知识在某一领域展开工作，其能力由多种要素如知识、技能、行动和心态等交汇构成，形成了复杂的体系，是建设所有时代都必备的基础。创客教育旨在培养具备应对世界多变的能力的人才。尽管创新教育和创客教育有很多相似之处，它们之间的区别在于，创客教育强调的是兴趣驱动，无须受制于生存或就业的限制。通过以项目为基础的学习模式，这种教育鼓励学习者结合计算机软件和硬件知识以及专业技能，将想法转变成实际的物品或精神成果。

根据构建主义知识观的理论，掌握知识与学习不仅仅包括获取新的知识，还需要通过重新组合已有的知识来进一步加强对知识掌握。同样地，在创客教育中，学生不单单只是拥有了处理问题的能力，而且还被鼓励克服现实的壁垒，通过创造性思维和专业知识技能来创造和创新产品。这种教育理念旨在引导学生发展创意意识，并利用自己已掌握的知识和技能来解决问题。持续实际操作和经验积累是创客教育兴起的秘诀，也是其在未来模式中持续发展的保障。

（二）以"工匠精神"为精神内核

许多国家和民族所倡导的匠人精神都体现了追求卓越的品质和坚持完美的态度。在日本，人们非常重视"工匠精神"，他们全心全意投入到工作中，并通过终身努力来追求卓越表现，由此甚至出现了百年传承的汤面。在美国，历任总统都曾是从事手工艺或科学工作的人，这在中国也同样如此。尽管现代大规模生产已经放弃了工匠的手工技艺，但随着互联网和开源技术的发展，创客们仍然继承了工匠的核心素养，追求卓越品质的工匠精神象征着对事业追求的巅峰境地。在现代社会中，创客文化延续了传统手工制作时期的严谨态度和追求卓越的工艺精神，以实现每个制品和食品都达到最高质量标准为目标。

（三）以"协同环链"为发展关键

根据美国经济学家安德森的理论，创客运动拥有开放性，并非单纯的DIY（Do it yourself），而是DIT（Do it together）。由个人自己做，到可以集体一起做，创客运动逐渐在公众视野中收获了一席之地，在其内部也有多样的人才，在知识体系、能力水平以及掌握特色资源方面，形成协同效应，通过整合资源、让各方优势最大限度发挥。创客教育是一个系统性工程，打破了传统教育体系下与世隔绝的情况，它使得教育资源在学校内外、政府与学校、学校与企业之间流动，在循环中和谐发展。

四、创客教育体系构成要素

《地平线》报道研究调查了全球创客运动，对五年内的创客教育进行了预测，认为创客即将由先前的"启蒙时代""创业阶段"再发展到 3.0 时代，开启了"全民创客"的新格局。进行的创客教育探索如美国的 K-12，也正昭示着创客教育正向着系统化探索的方向迈进。

（一）教育理念

创客教育旨在培养学生的创新思维、创造力和实践能力，使其能够将创意转化为实际的产品或精神成果。教育的主要要素包含了"基于创造性的学习"或者"创造中的学习"，通过运用"项目学习"这种引导方式，让学生对创客教育的内容进行深层次的掌握。创客教育能够激发学生的创意与能力，促使他们进行个性化的创作。实用主义教学理念、构建主义学习理论和情境教学理论是构成创客教育理论基础的重要组成部分。建立自身的理论体系是发展中教育形式必不可少的一部分，也承担着规划发展方向的重任。创客教育的性质使得它在培养创新型人才的过程中发挥着重要的作用，其理论框架由多个元素组成，它们之间相互作用，构成了整个创客教育系统的基础理论。

1. 强调体验式的教育理念

体验教育（Experiential Education）和创客教育（Maker Education）在理念上具有高度的相似性。首先，我们可以从哲学角度和心理学角度对体验的概念进行不同界定。从哲学的角度来看，体验是主客体之间的关系；而从心理学的角度来看，体验是在与事物的关系中所产生的意义和情感。

教育学家杜威"从做中学"的教育思想就最早表现出对"体验"的追求，即注重实际体验，将学习与生活实践相结合。他认为仅仅靠听课无法真正获取有价值的知识，而必须通过在实际工作环境中应用来学习。在传统课堂教学中，通常采用知识灌输的教学方法，只注重理论的传授，忽略了学生的个人体验、情感和想象力等方面。还经常出现对概念和定理的纯粹机械式记忆。这种教育方法过于强调学生的智力发展，而忽视了其他非智力因素对学生的作用。建构主义教育方法强调将学习与现实情境紧密结合，以建立实际的联系。目前教育存在的普遍难题是学科知识过度细分，缺乏整合和实时更新的能力。教授学科理论往往依赖于抽象思维、记忆和理解，而缺少关联现实情境的实践体验。不管是提出"学中做"的陶行知还是"从做中学"的杜威都强调知行合一，教育应该结合多个学科和技能，并将学到的知识应用到现实生活中。创客教育主张利用创客项目处理问题，并在过程中进步，达成"让劳心者劳力，让劳力者劳心，手脑并用"。

2. 基于项目学习的实施方式

在创客教育中，必须采用项目学习（Project Based Learning）的方法，且在项目学习中要贯彻情景学习与体验教育的教育思想。在项目设计阶段，应该将自身现有的技巧与知识投入到项目设计。创客项目的设计具有以下特征：与学生的日常生活息息相关，极具创造性，可以激发学生的热情和兴趣，鼓励他们花更多的时间和精力参与项目；任务需要保持一定的难度，同时需要使用简单易懂的词语来进行阐述。学生们应当充分利用周围的资源，齐心协力，分工合作，共同完成任务；提供充足的时间给学生来策划、构思、创作；项目完成后会进行成果的共享，帮助学生在集体中获取满足，形成合作学习的积极氛围。在项目学习的过程中，学生通过经历一段时间的探索和实践，将所学知识内化并获得了情感体验，最终取得了收获。

（二）教育师资

创客教育摆脱了传统班级教学的限制，采用了全新的教学模式，探索的领域也不仅限于单调的教材。目前，随着教育变革的推动，学生和教师的角色也迎来了重大转变。在创客教育中，教师领导的作用被淡化，而学生则被视为主角和积极的参与者。在创客教育中，教师可以归为四类：一是情景设计者。创客教育重视项目内容与学习者生活的联系，需要运用情景式教学方式进行授课。教师应当规定任务形式，以鼓励学生发挥自身动手实践和解决实际问题的能力。二是人力资源的管理者。当开展项目学习时，教师应该根据学生的认知水平、兴趣以及能力水平来组建适合的小组，从而促进团队协作和交流的发展。在这个过程中，教师充当了管理者的角色，负责知识资源、人力资源和设备资源的分配。三是学习过程的把握者。在创客教育中以项目学习的方式进行实践，教师需要利用任务框架指导学生在已掌握的知识和经验基础上完成任务。完成项目任务后，教师应当实时拆除任务框架。四是改善实践质量者。在项目学习进程中，教师要对过程进行监测；在学习者分工协作过程中，教师要及时关注面临困难的学生，并提供情感上的支持，保障项目圆满结束。总的来说，创客教育中的教师相对于传统知识讲解的角色，更接近教练的角色。

（三）教育课程

在传统教育中，学科之间划分非常明显，这使得学生在学习过程中受到了学科边界的束缚，容易形成思维的定式，造成思维缺少创意的现象。创客教育课程强调将各种学科的知识和技能相结合，实现跨学科应用和融合，以解决实际问题。在创客项目实践中，学生需要掌握多种学科知识和技能，传统的单一教学模式是难以满足这种需求的。因此，涵盖科学、技术、工程和数学四类学科的STEM融合课程被应用到教学中来。这四种学科正是钱学森先生提出的"量智"学科。后来，钱学森所说"性智"的艺术也被加入到课程中，且改名为"STEAM课程"。可以得出结论，STEAM课程正是钱学森大成智慧之学的落实。课程要求学生在充满挑战的学习环境中，发掘并锻炼自己的实际问题解决能力、创新思维和实践技能。在美国，从幼儿园到高等教育阶段，STEAM课程都得到了广泛的推广和应用，被视为教育体系的重要支柱。这些经验可以为中国创客教育提供极有价值的参考和启示。

（四）教育空间

创客教育的实践载体是创客空间，创客空间最初在北上广兴起，现在已经开始在全国范围内运行。创客空间是专门为创客打造的实体场所，在这里，他们可以与其他创客交流，也可以独立进行发明创造。除了提供实体空间外，创客空间还提供了在线虚拟服务空间，允许创客在云端查询、学习和讨论。这种虚拟服务空间是实体创客空间的拓展。高职院校实现创客教育需要一定的空间，创客空间可以满足这一需求。创客教育的课程设置以创客空间为背景，通过多样化的创客项目来促进学生的创造性思维和学习。目前，我国的创客空间主要是以实体形式为主，包括公益性和营利性质的空间。但是创客空间还应当包括虚拟空间，方便创客们在其中收集信息。成功的创客空间应是虚实结合，个人集体互联的学习空间。目前，我国院校清华大学的 i.Center 是我国创客空间最优秀案例，也成了众多职业院校学习的目标与榜样。

（五）教育文化

文化对社会价值的指引具有深刻的影响。创客文化的发展经过最初的大兴起，现在已经开启了众创的时代。其文化产品的产出者也从少数的精英为大众创作变为了大众进行个性化创新。在当今信息时代里，创客文化吸纳了传统手工艺人所拥有的"工匠精神"，也呈现出创新领域中平等和民主的特质。创新文化从多方面影响了创客们。

从个人的角度来看，创客需要具备自我激励和勇于创新的精神。只有当整个社会都强调创新时，创客们才能在不动摇传统教育模式的前提下，对其进行彻底改造，从而最终促成新工业"众创时代"的到来。为了让更多人关注创客教育，需要在教育系统内部认可创客文化，并将其以贴近生活的方式来推广典型创客项目。在未来，每个人都有可能成为创客，时代是大众的，无需做到像乔布斯一般的精英，每个普通人都有创意和能力去创造自己的产品。

第二节 职业院校创客教育的机遇与挑战

一、高职院校实施创客教育的机遇

（一）国内政策的倡导形成氛围

创客教育正在许多发达国家的各级学校中迅速兴起，成为创新教育的主要形式和内容之一。它的普及也促进了相关理论和策略的深入研究。其中作为创客精神的起源，美国如今的创客教育发展得最好。目前，近百所知名大学已经建立了对大众开放的创客空间，在其中为学生提供了各类创客资源保障。

Tech-nocamps 是一家著名的英国创客教育开展基地，由斯旺西等几所大学联合成立。基地提供多种培训课程，涵盖开源技术、游戏开发等多个领域。到目前为止，它已经建立了 500 多个工作室，拥有 8000 余名成员。

自 2014 年以来，全球创客运动已经深入影响了我国创客空间和创客教育领域，这一现象促进了网络上各种文献和新闻报道的迅速增长。在中国的三个城市——北京、上海和深圳，分别兴起了创客创新生态系统。人们知道的创客空间也越来越多，如华创客空间等。目前，高职院校的创客教育在政策环境和研究氛围方面已经打下了良好的基础。

（二）创客教育与高职教育高度契合

高度重视、加快发展职业教育，让每个人都有人生出彩的机会，是推动未来高职院校发展至关重要的一环。

在学生特征上，在科学技术蓬勃发展的今天，高职院校的生源表现出了具备独特个性、思维敏捷、实践热情等特征，虽然他们的逻辑思考能力有待提升，不过他们的想象能力很好，善于提出新奇的想法，具有创新和非常规思维的天赋，拥有巨大的创新潜力。

在教师资质上，相比本科教师在科研方面的优势，高职教师则更注重教学研究和改革。因此在教育领域和教学创新领域较为优秀。

在教学资源上，许多高职院校并没有大量投入资源来购置理论研究型验证性实验设备，而是运用柔性的技能操作型实训设备以及设计综合、应用及创新性的综合项目等方式来培养学生的职业能力。由于侧重于培养学生的实践技能，通常采取理论与实践相结合的教学方法。因此，高职院校拥有充足的实训室资源，配备了大量常用的工具、材料和设备，为开展创客活动提供了必要的条件。另外，现今高职院校都在积极投资数字化教学资源，整合了教学、图书馆、教务、办公等平台，推广新型的信息化教学方式，例如慕课等。

随着信息技术的不断革新，许多高职院校已开始充分利用线上和线下的资源，并采用混合教学的方式来教授课程。就实际情况而言，高职院校已经具备实施创客教育的所有必备条件。

二、高职院校实施创客教育的挑战

（一）高职创客教育是一种大众教育

创客教育颠覆了传统的教育模式和理念，是一种全新的教育方式。然而，由于人们受制于旧有的思维范式和行为模式，可能会存在实施上的误解或者偏差。例如，由于未明确创客教育的目标，所以一些人会过于简单地将其视作以产品为目标的教育。

创客教育不仅仅是为了让学生设计或制造"产品"，而是通过设计和制造"产品"，培养学生创造力。如果不了解这一情况，很容易忽视创客教育的根本目标，而只关注表面和功利方面的东西。有些人对创客教育的核心价值产生了误解，他们过于注重那些表现突出的学生，而忽略了普通但数量众多的学生。这种做法无法真正实现培养人才的"万众创新"目标。

高职创客教育不是只为优秀学习者提供分层教学的教育形式，而是一种面向广大群众的教育方式。如果对此有误解，可能会导致过度注重竞技和走上精英化教学的道路。

（二）创客空间的可持续运行和发展

创客们开展创新研究的场所正是在创客空间内，他们还能在这一空间内进行沟通和交流，久而久之创客空间成为创客的成长空间。要想做好创客教育，就必须为其提供空间与资源的保障。

尽管高职院校已经建设了众多不同类型的实训室，然而它们的构想大多仅限于单一课程，因此其功用比较有限。除此之外，一些实训室由不同的部门管理，导致资源难以整合，因此目前还没有达到开展创客项目所需的完整条件。另外，由于许多高职院校实训室的管理规定较为严格，导致实训室难以向广大师生开放使用。此外，还有很多具体问题亟待解决，比如材料和工具的采购时间长、流程复杂等。近些年来，许多高等职业院校开始积极研究和开发各种网络教学平台和教学资源，以提供更丰富的学习资源。然而，如何引导学生利用这些资源，增加自主学习的机会，一直是许多教师在课程开发过程中需要面对的挑战。以上问题对于创客空间的长期经营和发展带来了困难。

(三)创客导师

要进行创客项目,需要运用到最先进的信息技术和制造技术。因此,作为带领学生进行创客项目的导师,教师先必须精通这些技术,以确保能够完善地开发和实施创客课程。他们展现的教学质量直接影响了教学的效果。然而,目前高职院校的教师很少拥有在企业长期工作的经验,教师本身的实践素质不高。除此之外,由于缺乏有效的内部和外部竞争机制,高职院校的教师们往往习惯了既有的方式,难以进行创新。这些因素都给开展创客教育带来了一定的改革阻力。

(四)课程体系

完成创客教育中的项目需要整合来自多个领域的知识和技能,以达到综合运用的目的。任何一个项目的完成都需要多个领域的知识和技术相互融合,并互相协作。由于传统学科的划分和专业细分的限制,必要的知识和技术被分散到各个领域,导致任何一门专业都无法单独完成定制化产品的整体拼图。

课程设置应该更加贴近实际工作场景,将理论和实践有机地融合在一起,突破学科之间的隔阂,从而在培养学生系统性知识和技能的同时,提高学生灵活应变和创新思维的能力。很明显,创客教育所倡导的"融合创新"是无法通过传统的单一课程教学模式实现的。要建立创客教育课程体系,需要进行大规模的课程体系改革,这是一项极为艰巨的任务。

(五)创新教育

虽然国家一直在推进高职教育改革,但高职院校在人才培养方式和课程设置等方面缺乏创新,特别是在培养新型人才方面还有很大的提升潜力。因为缺少充分的企业和行业间的紧密联系,高职院校不能很好地把握企业对人才的需求。另外,随着市场和产业的不断变化和发展,许多高等职业教育学院的课程和专业设置已经不适应市场需求,这给培养特定领域所需的关键人才带来了更大的困难,并阻碍了创新的进展。教学方法偏重于传授知识,而缺乏实践训练的配合,这限制了学生创新思维的发展。

第三节　职业院校创客教育的改革路径分析

一、高职院校创客课程体系的构建

　　职业教育的创客教育离不开创客空间的支持，这一空间同样是教育体系的实施场所。职业院校的课程结构可以被划分为两类：一类是以创客教育为导向的课程，另外一类则是具有多种层次、立体化的创客课程。创客课程体系分为创业类和专业类两种，旨在更好地与创客空间结合，实现无缝衔接。创客教育课程的独特之处在于综合涵盖各方面的内容，涉及跨学科知识并具有一定难度和挑战性。综合性和跨学科的教学方式旨在拓宽学生的专业角度，并且适用于涉及多学科的创新项目。提高难度可以更好地激发学生的创造力和想象力，只有获得项目成果才能带来更大的成就感。根据不同的跨学科风格，创客课程也可以被细分为：紧凑频繁的跨学科指导课程、职业生涯规划课程、产品设计课程。跨学科指导课是其中较为常见的课程类型，旨在通过实践体验帮助学生跨越学科界限，探索交叉应用的工作过程，并从中汲取启发，重塑创造型思维；另外，在跨学科课程中还涉及实验探索课，旨在探究特定知识领域。课程会以学生意愿为参考，由学校的各个学科专家开设课程，通过演讲、论坛、讨论等多种形式，为学生们提供解决问题的方案；除此之外，还有一种课程是为职业院校的学生开设的战略规划课程，旨在满足他们的职业规划需求。这门课程关注学生的个人发展，从详细情况出发，辅助学生规划职业生涯，并鼓励他们在日常生活中通过网络平台寻找合作伙伴。此外，还有一些开发设计课程是专注于产品设计的，这些课程是以之前所学课程中的人脉和知识为基础而设立的。在这些课程中，学生们可以运用专业设计和开发技能，设计各种产品，并经过相关专业领域专家的评审后获得立项。学分的分配将取决于团队成员所作出的贡献。创客教育不仅限于创客课程，还包括创客讲座、创新工作坊等多个方面。在这个领域采取的措施包括：推出创客教育引领计划，积极推广并普及创客文化；创建网上平台，促进成员交流等。

　　创客教育课程的辨识性在于其跨学科的性质和挑战性的特征。教育中需要采取跨越学科和综合性的方法，才能让学生的眼界得到开拓。为了激发学生的创造力和想象力，还需要提供具有挑战性的机会，这才能让学生在创业过程中获得更多的成就感。除了开设各种创客和创业课程外，创客教学活动还强调培养创业文化，建立在线交流平台，积极推动学生之间的互动和交流。除了提供课程和创业引导，职业院校的创客教育还可以通过团队研发项目讲座等活动来协助教学。学校可以邀请知名企业人士和其他院系的教师，让学生更好地理解跨学科知识与实际应用的有效转化过程，并且增强对创客课程的兴趣。

二、高职院校创客教育师资建设

创客教育打破了传统的班级授课模式，改变了学生的学习方式，让学习的内容更加贴近实际，不再仅仅是枯燥的书本知识。教育实践的质变影响了教师与学生角色的转变。在创客教育中实施以学生为中心，淡化教师的主导地位。创客教育中的教师可以分为四种类型：一是学习情境的设计者，二是人力资源的管理者，三是学习过程的调控者，四是实践质量的提升者。

建设由专职和兼职教师组成的高素质职业院校创客教育教师团队。为了建立适应职业院校创客教育需要的师资力量，应该采取多元化、立体化的构建方式，师资的主要力量有三种：本校各院系的研究者、教授，社会著名的企业界、创业领域的成功人士，乐于培养具备创新思维的职业教育人才的教师。

为了解决职业院校创客教育师资短缺的问题，可以借鉴清华大学和斯坦福大学在这方面成功的经验，寻找解决方案，其中一种方法是开辟多种师资渠道，这些渠道可以从职业院校创客中选出有能力的人士，也可以邀请知名企业家、创客成功人士和各领域的创新创意专家来担任创客导师。因为职业院校的创客空间是一个自由、开放的场所，汇聚了许多成功人士，这些人不仅可以参与到创新项目中，还可以分享他们在实践中获得的经验和知识，并将之传授给学生们。甚至创客们可以一起将成功的创造性作品变成商品，并将其市场化，从而为职业院校创客教育的发展注入新的动力。

一名优秀的创客导师，必须具备综合能力素养。不仅需要精通创客技术，还需要熟悉教学规律，善于与学生沟通、交流，进而激发他们的兴趣与热情，帮助他们踏上创造之路。除此之外，还需要具备掌握高职创新创业课程的技术能力以及开发创新创业项目的技能。

高职院校可以设计一套创客导师培训计划，专门帮助在职教师转型升级。通过培训活动，让教师掌握全新的创客教育理念，提高他们在信息技术方面的专业能力，并帮助他们提升创客课程开发和教学设计的水平。让教师们从主要以讲授为主的教学职责转变为更注重科研探究的角色，同时也从灌输知识的主导者转变为辅导学生学习的角色，最终实现从传统的教师身份转变为具有创造性的导师。

高职院校可以顺应创客教育的潮流，培养一批具备专业知识和创新能力的创客导师团队。旨在实现创客教育中的"融合"与"开放"理念，通过学校内外的互动合作，鼓励社会创客融入校园，以及让校园创客与社会融为一体。

三、高职院校创客教育实践载体建设

（一）创客空间的核心要素模型

斯塔哲和马丁尼兹在他们的书《创客运动：一次学习革命》中探讨了成功的创客教育所需的八个关键要素，包括：创造行为目标明确且具有相关性、时间充裕、内容层次丰富、必须具有强度和挑战性、具有多维关联性、可分享、可互访、具有创意。行为目标明确和相关性是指成功地进行创客教育，需要认真评估活动的有效性，看它是否有助于激发学生的创造力并使他们愿意投入更多的时间和精力，同时要考虑这些活动对学生个人成长的影响。这两种性质是创客教育成功的前提；时间充裕是指学生能够充分地开展特定项目，不受时间限制的影响，旨在达到预期成果；内容层次丰富是指创客教育应该是综合性的，需要跨越多个学科领域，通过完成不同的项目和涉及不同的知识领域，使学习者在寻求最优解的同时，能够激发创意；具备强度和挑战性是指创客教育能够突破传统学习框架的限制，为那些具有超凡才能的青少年提供锻炼平台。这些充满挑战性和高度难度的创客项目能够激发学生的好奇心和勇于挑战的精神。学生们在完成整个过程时，能够体验到学习的乐趣。学生在不断的玩耍和实践中，实现了知识的积累和技能的提升；具备多维度关联性是指学生可以透过互联网及创客基地与各科领域的专家和项目组成员展开互动，融合不同的学术观点，因此在实践中，学生能够培养多样化的创意能力；可互访是指创客教育的成功并不仅在于向学习者提供全面、及时的资源，更在于学习者之间的互相交流，分享有价值的信息，并在必要的时刻进行互访，促进交流；可分享是指成功的创客教育能够将项目成果分享出去，让更多人参与学习，共同提高创意实践能力，从而实现教育效果的互惠互利；具有创意是指成功的创客教育能够考虑到每个集体的独特性，而不同的集体在创意项目上应该展现出不同的特点。

作为创客开展创意实践的场所，创客空间的核心要素包括创意实践、提供合作社群、共享资源和协作空间。

在职业院校的创客空间中，合作社群是进行一切创新活动的前提条件。学校可以利用现有的实验室资源，将不同专业的研究者和学者聚集在一起，共同探讨创意项目，并分享各自的研究成果。此外，还可以提供支持并协助解决设计研发中出现的问题。除了校内的研究人员、学者和学生创客，合作社区还应该吸引优秀的社会资源参与其中。社区可以吸引备受尊敬的企业家、成功的创业者、从事创客项目相关研究的专家，以及具备相关制作技能的创客融入。他们能够与他人交流项目经验，分享成果，激发创客的创新潜能，提出新思路和可行性方案，助力创客顺利完成项目。在创客空间中，创意实践可以通过开展课程、参加创意比赛等方式来积极体现。职业院校创客空间所提供的创意课程包含引导创意和跨学科的专业课程。因为创新项目需要整合多个学科领域的知识，所以许多学校使用STEM跨学科课程来进行教学。这种方法能鼓励学生打破常规思维方式和学科范畴的限制，致力于解决现实中创客项目所面临的问题，并通过跨学科知识的运用更加有效地找到解决方案。除了在课堂上学习，学生还能加入合作社群，参与协同创作创客项目，从而促进创新思想的交流和分享经验，同时展示自己的制作成果。院校还能同时举办创新创意大赛，策划创客马拉松赛事和国际创客论坛等专业活动，让学生们能够在校内施展才华。在资源共享方面，在职业院校虚实结合的创客空间中，创客们可以获取许多资源，例如开源设备、各种工具、各种应用技术方法和设计思维方法等等。职业院校的创客空间是一个高度自由和灵活的区域，不仅仅是满足必要的功能区、学习区、加工区、交流区、展示区等需求，更是为创新提供了充分的合作空间。在这个协作空间中留有一段空白的区域，可以根据需要进行灵活配置，并有效地促进创新项目的实现。创客空间有机的生态系统是由四个核心要素组成的。

（二）虚实结合的空间结构

一直以来，创客空间作为创客创新的核心场所为他们提供了发散创意思维的舒适空间，但只靠这些空间却无法让创客尽情地发挥。这些创客基于O2O框架，对创客空间的模型进行了创新，打造出了一种融合了虚拟和实际的空间。创客们能够在虚实结合的情景下进行个人和集体的相互学习。实际空间负责项目的具体实践，虚拟空间则提供各种支持和服务，环绕于实际空间周围。

创客空间的重要特点在于将实体和虚拟的元素融合在一起，为有着共同兴趣和目标的创客们提供必要的支持条件，例如软硬件工具、导师团队和资源共享等，以支持各类创新想法和构思，促进创业实践，协助创客们实现他们的创业梦想。

打造一个长期使用的创客空间，需要依照以下六个方面逐一入手：一是营造培育志趣相投的创客社区的环境。为了保障职业院校的创客空间持续发展，应建立一个稳固的创客社群。该社群不仅仅是一个学习群体，更是一个具有创作能力，并愿意互相合作完成各个创客项目的集体。他们会共同完成从构思到最终实现的所有工作，并且相互之间进行协作。二是为了促进不同的创客社区之间的交流，首先，职业院校可以设立一个合作创客空间，并积极鼓励创客们分享他们的创意成果、思路和经验。创客社群应与所在社区保持密切联系，可以借鉴美国许多职业学院为外界提供创客服务和设立创客空间的经验。其次，创建一个包容性的合作平台，允许在线上、线下之间无缝衔接并达成共同作业。现代人已经迈入互联网+时代，信息技术的飞速发展已经使得这些工具和日常生活、工作息息相关，创客教育也受到此趋势的影响。有必要考虑建立虚拟空间，这样可以为学生提供可同时在线上和线下学习的机会，以方便他们随时随地参与到学习中去。O2O空间模式就是有效的创客空间建设模式，可以结合线上和线下资源，为职业院校的创客提供更为全面的支持和帮助。三是为创客空间提供具有跨学科背景的导师服务。由于创客项目涉及多个学科领域，因此需要综合掌握不同学科的知识。参与创客活动的学生可能会遇到一些困难，他们需要有经验丰富的人提供指导和援助。目前，创客项目对职业院校的教师队伍提出了更高的要求，但该校的教师规模和能力尚不足以满足这些要求。因此，我们应该建立灵活的学校创客空间，并邀请具备多种学科背景的专家组成创新教育师资团队。这种方法的运用可能会让创客教育达到更高的水平。四是经常举办创客活动。创客空间的主要运营策略是通过举办各类创客活动来刺激其进一步发展。在创客教育中，课程、工作坊和大赛等核心活动是至关重要的。不同的活动都旨在解决实际问题，核心思想都集中于推动创新与创造力。五是探索并利用各种有潜力可挖掘的资源。要使创客空间运作顺畅，就需要获得资源的支持，并且在运营过程中不断进行创新和发展。通过这个方法，不仅能够推动外部资源的开发，还可以将本地的创意产品转化为商品并在市场上进行推销，以满足更广泛的长尾消费需求。六是必须提供传统工具和支持开源软件和硬件制作的工具。

四、高职院校创客教育文化的打造

（一）精神层面文化

在创客教育文化中，营造创客精神文化氛围具有至关重要的作用。创客人才具备创新思维和追求进步的态度，同时注重精益求精的工匠精神。因此，在学校教育和个人品格塑造中，创客教育应被视为文化建设的核心价值观之一，成为贯穿始终的重要理念。职业院校学生的人格形成需要注重培养他们对喜欢的事物坚持追求和不屈不挠的精神。为将创意转化为实际产品，他们需运用多种技术手段，考虑环境因素并实现团队协作。对于精神层面的文化，创客文化需要在坚持大众创新的前提下，鼓励学生主动贯彻创新思维，通过实际操作来领略并掌握创新过程的奥义。通过积极鼓励和支持创客实践，激发学生对创新的追求和热情，营造争先创新的文化氛围，进而促进创客教育文化的形成，培养和谐的环境。

（二）制度层面文化

制度建设对创客教育文化起着重要的作用，且创客教育的实施必然会催化职业院校内部体制的变革。为促进创客教育的发展，应在职业院校制定相关制度，确保创客教育的规范实施。在制度上贯彻创客教育理念，促进创新思维和能力的培养，包括制定奖励制度、为创新能力出色的学生提供额外学分或考虑其在评优过程中的优先权。同时鼓励教师积极参与创客教育活动，对那些在该领域表现突出的教师进行奖励，并将这种优秀表现纳入职称晋升的优先考虑因素中。另外，还可以制订翔实的创客教育计划，并将其整合到学校的总体工作计划中，以此作为学校长期发展的重要组成部分。

(三) 物质层面文化

创客教育中创客空间的建造和创客课程的开发等都能反映出创客教育在物质层面的文化需求。

创客空间应该实行开放政策，与社区、企业等密切协作，扩大空间规模，以更好地满足学校内外创客的需求；积极探索创客项目的多元化来源，激励学生开发自己的创造性方案；构建创客课程架构，致力于通过这一体系强化学员的创新素质；运用多种文化修饰方法，诸如张贴宣传海报、播放广播等，让创客教育文化真正地融入学校的方方面面。

推行创客教育文化需要长时间的努力，在推广创客教育期间，每个学生的理论学习与实践都要表现出创客精神、创客思维。

五、高职院校综合实力的打造

(一) 培养社会化创客文化，助力校园创客文化氛围

校园文化是社会文化的组成部分，高职创客教育的推进无法脱离社会创客文化的大环境。只有当创新得到广泛的社会认可和尊重，并且全体民众积极参与和支持创新运动时，社会创客文化才能有效地辐射进校园创客文化，才能促使高职院校的创新进步。为了达到这个目标，政府需要采取措施推动并制定相关政策。高职院校也需要积极倡导创新创业教育并采取相应行动。

政府需要采取积极措施，举办创客年展、创新大赛等活动，促进企业、教育机构和各社会组织参与。高职院校可以采用多种方法来培养和推广创客文化，例如举办讲座、组织作品展等创意教育活动，激发学生的创造力和创新精神。

(二) 开放实训室，构建虚实结合的创客空间

据2014年《地平线》(高等教育版)报告指出，创客空间被视为教育改革的核心技术，并被认为是促进教育发展和改革的重要手段。在建设高职院校创客空间时，需要从三个方面进行全面建设。

第一是打造好创客实体空间。对高职院校现有的校内设施、资源与实验室等充分利用，为创客项目提供所需的科技支持。为了鼓励学生进行自主探索学习，

各种实验室应该对全校师生开放，采取全方位的开放措施和灵活的管理方式，以便于创客们充分利用设备齐全、材料丰富的实训室空间资源，并开发自己的创意项目。

第二是关于为创客空间提供支持性的环境建设。着重于改善学校的信息化基础设施，以确保无论在何处，都能够全面覆盖网络。为了方便学生搜索网络学习资源，应该在学校图书馆和计算机房建设集中分布式网络，提供无线网络服务。利用教育信息化平台来推广慕课、微课等创新的教学方式，为学生们打造智慧化学习环境。

第三，建立虚拟环境，以应对在创客课程中硬件不足或需要进行实操性较强的情况。利用虚拟技术创建虚拟实验室和仿真教学平台，帮助学生更有效地自主学习。

（三）借鉴STEAM教育模式，改革课程体系

对于现有的高职课程体系进行优化或重新设计，采用创客模式是一项非常具有挑战性的改革工程，需要经历漫长的过程。目前高职课程体系在一定程度上是合理的，但是缺少可供高职创客参考的实践案例的课程体系，这或许可以从国内外广受欢迎的STEAM教育模式中寻求灵感。

STEAM教育模式以科学、技术、工程、数学和艺术五个领域为核心，将真实世界中的工业、科学和生活场景融入课程中，旨在为未来工程、科学和技术领域的人才提供扎实的基础。将高职创客课程与当前课程框架融合，有望增强和拓展高职课程的内容。

高职创客课程的特点包括科学性、实践性、个性化和创造性，其中课程体系应覆盖三个方面，即基础知识、专业技能和创新能力。公共课程中的基础类课程针对所有在校学生开设，其主要目的是普及创客素质；专业类课程需要运用创新思维，对原有的核心课程内容进行重新构思、设计或融合，以满足创新式教学活动的要求；创新类课程则需要设立特定的选修或毕业设计课程，以培养学生的创新思维为重点。鼓励学生自主选择创新项目，并积极展开研究与实践，最后得到满意的项目成果。

（四）变革教学模式，实施以生为本的创客式项目教学

构建主义等理论都是将学生作为主体地位，认为自主学习可以使学习者更好地掌握知识。在创客教育中，实践和创新是重要的学习方式，学生注重通过探索和体验来学习知识。这与当前倡导的高职教育改革相契合。创客教育为高职教育提供了一种可行的途径，能够创新人才培养模式，深化教学改革。

创客导师需要营造良好的学习氛围，通过启发性思考和团体交流等方法，促进学生和导师之间的互动和交流，激发学生的创造性思维和创新潜力，引导他们积极参与自主学习和实践。同时，也要鼓励学生与他人协作，提高团队合作能力。依照工作"五步法"，完成项目信息的"搜集与分析—项目计划—项目决策—项目实施—项目验证与检查"。学生通过感知、实践、修正、验证和分析等环节逐渐将所学的知识和技能内化、巩固和提高，完成每个创客项目。在创客教学模式中，创客项目的设计至关重要。项目应当紧密联系于学生的日常生活，并且具有现实世界的背景。优秀的项目能够激发学生的创新思维，促使他们对自己的作品进行反思和改善，协助他们融合所需的重要知识和技能以备不时之需，更进一步促进学生的全面职业能力的可持续发展。

（五）跨界合作，形成合力

《中国制造2025》提出了坚持把创新摆在制造业发展全局的核心位置，完善有利于创新的制度环境，推动跨领域跨行业协同创新以及走创新驱动的发展道路的基本路线，引导高职教育朝向跨行业合作、进行合作创新的路线发展。

社会创客空间的主要目的在于促进产品创新，展现出动态和多元的特征。高职创客教育的重点却在于培养具有创新和创造能力的人才，强调将创客活动融于课程教学。高职创客空间和社会创客空间应该加强合作，互相分享创新经验，共同推动区域经济发展并提高教育服务水平。这种合作可以使高职创客空间在不断更新自身建设和运营经验的同时，更好地融入社会创客空间，共同推动地区经济的繁荣。周边的优秀企业可以与一些职业院校合作，共同建立创客空间。可利用学校出色的师资力量和企业生产销售的潜力，促进产学研合作，并激励学生成为创客。

政府的支持是创客教育发展的关键因素。不同领域之间的紧密合作对于创客

教育的可持续发展至关重要。合作与支持是教育、产业和社会创业组织共同推进社会发展的重要路径，政府支持政策的激励措施、教育系统的培训与支援、产业界的技术与资源，以及社会创业组织的合作与交流也都发挥着不可或缺的作用。

　　创客进入高职教育领域，注入了新的生命力并推动了该领域的改革进程，但同时也带来了一系列的挑战和问题。在高职院校，实施创客教育需要进行一系列复杂而长期的工作。除了引导学生的创新思维和培养创新文化外，还需要设计特色的创客教程、培训出色的创客讲师，以及建立优质的创客场所等。只有通过跨界合作，解决创客教育中的各种难题，才能实现国家复兴的目标，实现"大众创业、万众创新"的美好愿景。

参考文献

[1] 艾昌清.高职教育教学改革[M].武汉：武汉理工大学出版社，2009.

[2] 韩志伟，王文博.高职教育教学评价 理论·评价体系·量化技术[M].北京：兵器工业出版社，2006.

[3] 刘静佳，郭定祥，周效东，等.高职院校教育教学研究 2018[M].昆明：云南大学出版社，2018.

[4] 张夏雨，朱敏.高职院校数学教师核心素养研究[M].南京：河海大学出版社，2022.

[5] 韦宏.高职通识教育的构建与实施[M].苏州：苏州大学出版社，2020.

[6] 杨群祥.解码高职院校创新发展与治理[M].天津：天津社会科学院出版社，2022.

[7] 陈卫东，蔡冰.高职创新创业教育教程[M].成都：电子科技大学出版社，2020.

[8] 包红菲，刘士新，赵继忠.教育教学改革与实践研究[M].沈阳：东北大学出版社，2015.

[9] 武文.高职教育改革 探索中嬗变[M].北京：光明日报出版社，2021.

[10] 廖伏树.创新视角下的高职教育管理[M].北京：光明日报出版社，2021.

[11] 许馨月.基于高等教育普及化的高职教育教学文化构建[J].科技风，2022（32）：46-48.

[12] 壮国桢.论新时代高职教育教学改革的核心要义[J].职业技术教育，2020，41（35）：37-41.

[13] 陈蕾. 新常态下高职教育教学管理工作研究 [J]. 大学，2020（47）：55-57.

[14] 刘志国，刘志峰. 高职院校教育教学资源共建共享模式与策略研究 [J]. 中国职业技术教育，2020（29）：57-61.

[15] 余深焰. 移动教学在高职教育教学活动中的运用探究 [J]. 内蒙古煤炭经济，2020（13）：205-206.

[16] 杜娟. 高职教育教学管理改革路径探索 [J]. 中国多媒体与网络教学学报（中旬刊），2020（07）：86-88.

[17] 曾维湘. 混合式教学模式在高职教育教学中应用的研究与实践 [J]. 农家参谋，2020（13）：295.

[18] 陈革. 高职教育教学方法选择的实践与探索 [J]. 才智，2020（14）：26-27.

[19] 杨彪. 高职教育教学管理改革路径研究 [J]. 福建茶叶，2020，42（04）：244.

[20] 陈正江. 基于高等教育普及化的高职教育教学文化构建 [J]. 职教论坛，2020（03）：47-50+55.

[21] 汪莉. 移动互联网对高职教育的影响研究 [D]. 北京：北京邮电大学，2019.

[22] 门燕丽. 人的全面发展理论视野下的高职教学模式研究 [D]. 天津：天津大学，2013.

[23] 王媛. 高职教育的实践教学体系研究 [D]. 天津：河北工业大学，2008.

[24] 贺新元. 高职教育教学模式的研究 [D]. 天津：天津大学，2004.

[25] 霍跃红. 高职教育实践教学条件建设问题研究 [D]. 天津：天津大学，2004.

[26] 易佳睿. 慕课背景下高职教育教学资源库建设研究 [D]. 天津：天津大学，2016.

[27] 沈良. 民办职业学校应用型人才培养目标下的教学改革研究 [D]. 长沙：湖南师范大学，2011.

[28] 郭旗. 我国高校教育教学类移动应用有效性及治理路径研究 [D]. 长春：东北师范大学，2021.

[29] 何晓.高校创客教育教学管理优化研究[D].武汉：中南财经政法大学，2020.

[30] 任静蓉.教育公平视野下的高校教学管理制度研究[D].郑州：中原工学院，2015.